Joao Ulrich Heep

SORTENFREI – SEI, WIE DU BIST!

Die Anleitung für ein SORTENFREIes & erfülltes Leben

SORTENFREI Selfpublishing
João Ulrich Heep

Deutsche Erstausgabe 2019

Lektorat: Prolektor, Oestreicher
Umschlagskonzept: Susanne Demir
Umschlagbild: Susanne Demir
Satz: Prolektor, Oestreicher
Druck und Bindung: Die Grasdruckerei
Gedruckt auf: Graspapier
Printed in Germany ISBN 978-3-000-63018-7

Für die Menschen, die ihr Anderssein leben wollen und ein SORTENFREIes & erfülltes Leben aufbauen möchten.

Inhalt

Intro

Kennst du das Gefühl, anders zu sein als andere? Vielleicht nur ein wenig? Kennst du das, wenn dich jemand auf der Straße anschaut und er denkt, dass du anders bist? Du merkst es, du spürst es, aber du weißt nicht, woran es liegt? Was hat der nur? Warum schaut er dich an? Verwundert, skeptisch. Du wendest dich ab und versuchst, das Gefühl des Andersseins abzuschütteln. Doch es bleibt.

Anders sein! Ist es nicht genau das, was dir manchmal im Weg steht?

Würdest du nicht auch gerne wissen, wie du das Anderssein so für dich einsetzt, dass du gerade aus diesem Grund erfolgreich und glücklich wirst?

In diesem Buch bekommst du konkrete Aufgaben, eine Struktur und die Unterstützung, um dein Anderssein anzunehmen und für dich unmittelbar und bestmöglich einzusetzen.

Ich gehe davon aus, dass wir gemeinsam direkt in die Tiefe gehen können – du hast lang genug gewartet. Lass uns keine Zeit mehr verlieren, stelle deine Gewohnheiten auf den Prüfstand deiner selbst. Da dein Körper, Geist und deine Seele erfahrungsgemäß Zeit benötigen, um dein neues Ich, also dein wahres Verhalten und Sein, in eine Routine zu bekommen, schlage ich vor, um für dich das beste Ergebnis zu erzielen: Öffne dich von Beginn an für Neues!

Meine Geschichte ist die Geschichte eines Andersseins – von Geburt an. Adoptivkind deutscher Eltern, in Brasilien aufgewachsen. In Brasilien hat es mir an nichts gefehlt. Mein Umfeld, in dem ich groß geworden bin, war eines der schönsten für einen kleinen Jungen. Ich hatte jeden Tag Sommer, Sonne, Strand und Samba. Exotische Früchte, Tanz, Musik und – Lebensfreude!

Die Menschen in Brasilien sind touchy, fröhlich, lebenslustig und offenherzig. Sie nehmen dich gleich in die Familie auf und du fühlst dich sofort als unverzichtbarer Teil des Ganzen. Anders als bei uns hier in Deutschland.

Plötzlich änderte sich alles, schlagartig, von heute auf morgen war alles weg. Mein Land, meine Freunde, meine sorgenfreie Jugend. Meine Eltern hatten den Entschluss gefasst, zurück nach Deutschland zu gehen. Das war 1985. Ein kleiner, brauner Brasilianerjunge, fünf Jahre jung, in einer fremden Umgebung, mit Menschen und deren Verhaltensweisen, die ich nicht gewohnt war. Ich fühlte mich verloren und in mir machte sich Kälte breit.

Ich erkannte: Alles war neu. Ich konnte mir nicht vorstellen, wie ich hier zurechtkommen sollte und mir war noch nicht bewusst, dass ich ganz von vorn anfangen musste. Doch das war nicht einfach und ich wandte mich deshalb primär an die Menschen, die mir Sicherheit vermittelten und das sind meine (Adoptiv-)Eltern. Von ihnen habe ich mir das Verhalten abgeschaut, die Glaubenssätze, die Art zu sprechen und zu leben, da ich nicht auffallen wollte. Ich passte mich mein Leben lang an die äußeren Umstände an. Dies führte dazu, dass ich mehr und mehr von mir selbst und meiner Identität abrückte. Ich hörte auf, portugiesisch zu sprechen und legte meinen ersten Vornamen ab. João. Ich nannte mich nur noch Uli – Uli Heep. Meine Eltern stellten mich stets als Uli vor. Irgendwann begann ich auch, mich zu verleugnen, um nicht mehr angreifbar zu sein. Ich fühlte mich wie eine laufende Zielscheibe – jeder Wurf ein Treffer, immer dann, als ich versuchte, so zu sein, wie ich im Inneren bin. Deshalb habe ich im Laufe der Zeit viel an mir, an der Zielscheibe, abgeschnitten, bis nur noch wenig Angriffsfläche vorhanden war und ich irgendwann zu einem von ihnen wurde. Zu einem …

… in Schubladen denkenden Menschen, einem Schubladendenker.

Zu Hause wurde nicht nur der Rahmen - die Schubladen - vorgegeben, für schulische und berufliche Schritte, in dem ich mich nicht stecken lassen wollte. Damals wusste ich noch nicht, dass meine Eltern bereits in Brasilien damit begonnen hatten, meine Identität zu steuern und Uli vor João zu stellen. „Die Schule schaffst du sowieso nicht, du solltest lieber Arbeiter werden!“, so die gut gemeinten Worte, als ich den Wunsch äußerte das Fachabitur anzugehen. Es kam, wie es kommen musste: Ich schaffte es dann auch wirklich nicht.

Heute weiß ich, dass meine Eltern es gut meinten mit mir, mir Sicherheit geben, mich anspornen wollten, dass etwas aus mir wird. Sie wollten, dass ich es in Deutschland einfacher haben sollte, indem ich mich den Gegebenheiten anpasse, wie sie eben sind. Sie wussten es zu diesem Zeitpunkt nicht besser. Aber letztendlich haben sie mir das Leben ermöglicht, das ich heute führe. Sie sind einfach da, wenn meine Familie und ich sie brauchen – und ich bin ihnen unendlich dankbar dafür - und kann in Liebe sagen, dass ich mir keine besseren Eltern hätte wünschen können.

Früher war ich ein Schubladendenker, ein Mensch, der sein Denken in Schubladen platziert und dich ebenso in Schubladen packt. Das macht es dem Schubladendenker einfacher, die jeweiligen Ereignisse und Situationen abzuspeichern, um sie auch später besser wiederzufinden. Spannend wird es dann, wenn zu diesen gespeicherten Informationen noch Emotionen hinzukommen. Diese führen dazu, dass die Schublade groß und stabil wird. So war es bei mir und wie ich beobachtet habe, auch bei anderen.

Schubladendenker schauen nicht über den Tellerrand hinweg, sie scheuen sich davor, ihre Gedanken in neue Sphären zu lenken, um den Blick in ihr Inneres nicht zu verblenden. Sie nehmen nur ihre Realität als die eine wahre an und verstehen die Sichtweisen anderer als Unwissenheit.

Anstrengend ständig gegen den Wind zu laufen.

Kennst auch du solche Schubladendenker? Hast du Beispiele aus deinem Leben, bei denen du in Schubladen dachtest oder denkst?
Ich war lange Zeit ein Schubladendenkender – fast zu lang. Irgendwann spielte ich das Spiel so gut, dass die mir wichtigen Menschen mein wahres Ich nicht mehr wahrnahmen.

Im Laufe meines Arbeitslebens habe ich es dann irgendwann übertrieben. Ich arbeitete so hart und schonungslos und hörte nicht mehr darauf, was mein Körper sagte. Der ständige Kampf und das ewige durchsetzen der eigenen Wahrheit. Es war ein Teufelskreis. Ich betäubte die Schmerzen mit Partys und ging ständig unter der Woche weg. Kommt auch dir das bekannt vor?

Eines Tages wurde es zu viel und ich brach zusammen – völliger Black-out. Verwiesen zur psychologischen Behandlung, medikamentös eingestellt und arbeitsunfähig geschrieben. Selbst kleinste Entscheidungen sind schwer zu treffen gewesen. Ein Zustand der Schwerlosigkeit ohne jegliches Gefühl der Bodenhaftung – ohne Sinn und Ziel, triftend durch den Tag. Das war jedoch nicht das Schlimmste. In der Rückschau heute gilt für mich als das Schlimmste, dass ich damals alle anderen dafür verantwortlich machte, nur nicht mich selbst. Ich hatte damit nichts zu tun. Mein wahres Ich war ausgeblendet, die Signale meines Körpers ignorierte ich. Der Teil in mir, der mich schützen wollte, der aber der Teil in mir war, den ich für den Preis, „angenommen zu werden“ abgelegt hatte –

diesem habe ich nicht mehr zugehört. Laute Musik in den Discotheken und Clubs, Alkoholexzesse an den Wochenenden – ich war wie betäubt.
Eines Tages wachte ich aus diesem Schleier auf. Der Schock saß sofort tief: Ich hatte nichts mehr, alles war weg – meine damalige Beziehung, meine Wohnung, meine Arbeitsstelle. Ich zog wieder bei meinen Eltern ein.
Ich wollte nicht mehr so leben. Ich wollte wieder der kleine braune Brasilianerjunge sein. In einem Umfeld, in dem jeder Tag ist wie Sommer, bestehend aus Sonne, Strand und Samba. Ich hatte es satt, andere Menschen in Schubladen zu stecken und ich war es einfach nur leid, mich glücklich zu fühlen, wenn es andere nicht waren. Und dafür habe ich ein Wort kreiert und das lautet: SORTENFREI.

In dieser Zeit lernte ich Markus Conrad kennen, der mir den Weg gezeigt hat, der mich dahin gebracht hat, wo ich heute bin, sowie meine heutige Frau Nadine, die mich auch heute noch bei allen Vorhaben zu hundert Prozent unterstützt. So komisch es auch klingen mag: Ich brauchte einfach eine gewisse Zeit, um mich selbst wieder kennenzulernen. Richtig kennenzulernen. Wir besuchten viele Seminare und einmal kam der Trainer am Ende des Tages auf mich zu. Er sagte: „João, ich kann dir so viele Methoden und Techniken beibringen wie du möchtest, wenn du nicht anfängst, an dir und an deinen Glaubenssätzen zu arbeiten, dann wirst du niemals erfolgreich und schon gar nicht glücklich werden."

Dies hat mich schwer getroffen, mitten ins Herz. Es war höchste Zeit nachzudenken und ich begann, mich selbst zu

reflektieren. Ich stellte mir die Fragen, die mir die Trainer zuvor in ihren Seminaren gestellt hatten.
Das geschah schon vorher, doch ich hatte sie nie wirklich in die Tiefe beantwortet – bis zu diesem einen Moment, auf eben diesem Seminar, als dieser Trainer seine Ansprache an mich hielt. Er ist heute noch mein Mentor, auf den ich nicht verzichten möchte. In diesem Seminar machte es klick! und ich hatte es verstanden. Gleichzeitig verstand ich mich und das war der neuralgische Punkt, an dem ich begann, mich anzunehmen. Als ich mich angenommen hatte, kam ich schließlich bei mir an. Eine logische Folge von Ereignissen, die mich vollständig erfüllte. Es war wie eine kalte Dusche, das anschließende Einwickeln in ein warmes Handtuch, du sitzt eingekuschelt vor dem Kamin, ganz nah bei der Liebe deines Lebens und genießt die Wärme in deinem Herzen. Es machte mich von innen heraus glücklich und hat mein Leben vollkommen verändert.

Heute bin ich ein Mann, Autor, Ehemann, Vater, Unternehmer, Speaker und Mentor für Menschen, die mehrere Nationalitäten in sich tragen und für die, die sich anders fühlen, innerlich zerrissen sind, ihren Platz in der Welt suchen und ihre Leere, die sie spüren, gefüllt haben möchten.

In diesem Buch erzähle ich von den Dingen, die geschehen sind und mich geprägt haben, und wie du auch mit deinen Situationen die positive Veränderung in dir bewirken kannst.

Begebe dich mit diesem Buch auf deinen individuellen, ganz eigenen Weg in ein erfolgreiches, glückliches und SORTENFREIes Leben.

SEI, WIE DU BIST, SEI ANDERS!

Akzeptiere dein Anderssein.

Ist es nicht so, dass wir Menschen einfach nur unser Leben leben möchten, so wie wir es uns vorstellen?

Wir glauben jedoch, durch die Diversität in unserem unmittelbaren Umfeld mit unserem Blick auf die eigene Zukunft abgelenkt zu werden. Denn offensichtliche Unterschiede wie das Aussehen, der Körperbau, der Look und Style, die Sprache und Dialekte und dem nach außen gerichtetem Glauben und die sexuelle Ausrichtung werden von unserer eigenen Sicht auf die Welt als identitätsgebend bewertet.

Dadurch, dass diese Unterschiede vorhanden sind, fangen wir an, uns unser Sein, unser Leben mit denen der anderen zu vergleichen und zu bewerten.

Dabei fokussieren wir uns eher auf die Menschen, die bereits das haben, was wir gerne hätten, statt die Menschen zu sehen, oder sehen zu wollen, die weniger haben als wir. Ich orientiere mich gleichermaßen an den Menschen, die mit weniger auskommen müssen als ich, denn sie inspirieren mich. Sie, die ich kennenlernen durfte, führen oft ein erfüllteres und glücklicheres Leben, weil sie sich bewusst von den äußeren Einflüssen abgrenzen.

Worauf bist du ausgerichtet und was gibt dir die Energie, du selbst zu werden, zu sein, zu bleiben? Welche Realität lebst du?

Wie sah meine Realität früher aus?

Ich konnte schnell von etwas begeistert und überzeugt werden. Gerade dann, wenn ein anderer bereits mit etwas aufwarten konnte, was ich auch gerngehabt hätte, machte sich in mir ein hässliches Gefühl breit: Neid. Eine spezielle Frage tauchte dann unmittelbar auf: Wie bekomme ich das was der andere hat, am schnellsten auch? Verzicht war ein Fremdwort für mich.

Natürlich ist mir klar, dass ein Mensch wachsen will und dass die Natur das auch so vorgesehen hat. Was genau meine ich damit?

Wird „Wachstum" heute nicht künstlich erzeugt? Das Gefühl, etwas haben zu wollen, was mir Sinn geben soll, persönlich und auch praktisch im Leben und überhaupt, um leben zu können? Eine höhere Position im Job, ein größeres Haus, einen Porsche vor der Tür, oder viermal im Jahr in Urlaub fahren?

Vielleicht wirst du mir Recht geben, dass diese Dinge schön sind und vielleicht derzeit eine zentrale Rolle in deinem Leben spielen. Ich möchte dir eine Frage stellen: Wer bist du, wenn du das alles nicht mehr hast? Wer bist du, wenn alles, was du heute besitzt, nicht mehr da ist? Wer bist du dann?

Die Dinge, die du heute kaufst und denen du heute den einen höheren Wert zusprichst, sind möglicherweise nur Lückenfüller. So war es bei mir. Ich kaufte mit dem Geld, das ich sauer verdient hatte, wahllos schöne Markenprodukte gekauft, teure Autos gemietet – ich konsumierte, was das Zeug hielt. Damals war mir der Unterschied zwischen konsumieren und investieren nicht klar. Heute weiß ich, dass besser und ich glaube, auch du weißt es intuitiv besser. Doch was war es, was mich am Konsumieren begeistert hat? Die Dinge gaben mir beim Kauf ein großartiges Gefühl. In den Wochen danach war das Gefühl allerdings wieder weg und wich einem Gefühl der Ernüchterung, ja fast gar der Scham. Kennst du auch solch eine Gefühlsachterbahn?

Vielleicht ist das der Grund, weshalb wir Menschen oberflächlich geworden und nicht mehr sensibel für das Leben sind – für unser eigenes Leben und für das Leben eines anderen Menschen. Wenn ich damals an einem Tag begeistert von einer Person war und eine Woche darauf nicht mehr, dann war ich scheinbar von etwas Äußerlichem geblendet gewesen. Die Sensibilität gegenüber dieser Person ging verloren; es war mir egal, ob es ihr gut ging oder nicht. Jeder sagte zwar, es ginge ihr gut, aber ob dies tatsächlich stimmte, war irrelevant, denn es wurde zur Floskel.

Am Tiefpunkt meines Lebens erkannte ich, worauf es mir ankommt. Ich folgte meinem eigenen Ruf und startete damit, mein eigenes SEIN, mein ICH auszuleben. Ich musste aufhören, nur noch an mich zu denken und mich auf die Menschen zurückbesinnen, die mir am Herzen liegen, mich dafür stark machen, ihnen zu helfen und sie zu unterstützen, dass sie ebenso glücklich werden. Weil ich wusste und am eigenen Leib erfahren hatte, wie es ist, sich selbst nicht zu lieben und den eigenen Wert nicht mehr zu sehen, weil dieser Wert, das eigene Wertvollsein, von mir selbst verborgen wurde und hinter einem Berg von Müll verkümmerte.

Ist es uns Menschen egal geworden, wie es anderen geht? Hauptsache, mir geht es gut? Uns sind deshalb die Menschen, die in deinen Augen anders sind und keinen guten Eindruck in deinem Umfeld hinterlassen würden, weniger wert? Ich behaupte, dass der Mensch heute fremdbestimmt ist und ständig versucht, sich sein Leben nach den äußeren Reizen zu gestalten, egal ob es wirklich zu ihm passt oder nicht. Bin ich zu vermessen? Ich glaube nicht.

Ich behaupte weiter, dass der Versuch, du selbst zu sein, eher auf Ablehnung stößt. Dein Versuch, dein Anderssein als Vorteil anzuerkennen und einzusetzen, um damit Neues zu kreieren, scheitert dann, wenn du dich anpassen willst. Dadurch, dass wir uns anpassen, verlieren wir unsere eigene spezielle kreative Fähigkeit, die uns in unserem Leben nach vorn bringen kann. Anpassung heißt, in Schubladen zu denken.

Ist es denn heutzutage nicht so, dass grundsätzlich mehr Kreativität und Innovationskraft benötigt wird? Woher sollen Kreativität und Innovation kommen, wenn das Anderssein verurteilt wird? Wie soll Neues entstehen, wenn das Anderssein auf Ablehnung oder sogar Hass stößt?

Wie soll das Anderssein einen Platz in der Welt finden, wenn die meisten Menschen aufgehört haben, ihr Anderssein anzunehmen und es für sich – als Teil ihres Seins – auch in ihr Leben zu integrieren? Es muss Menschen geben wie du, die den Menschen, die anders sind und sich nicht trauen, es zu leben, weil sie vor den Menschen Angst haben, die sie peinigen, eine Stimme geben. Im Namen all derer, steh auf für ein Land voller Gleichheit und Gerechtigkeit.

Steht mit erhobenem Kopf und klarem Blick den Menschen gegenüber und helft euch gegenseitig, statt euch gegenseitig kleinzumachen. Ich habe Angst! Angst davor, dass meine Kinder sich irgendwann dafür rechtfertigen müssen, dass sie einen ausländischen Vater und eine deutsche Mutter hatten.

Ich möchte, dass meine Kinder und eure Kinder in einem Land aufwachsen und leben, in dem das Anderssein als Chance für die Menschheit gesehen wird.

Was würde passieren, wenn jeder Mensch sein gesamtes Potenzial in die Waagschale legte und damit den Menschen in seinem Umfeld, auf der Arbeit, zu Hause oder seinen Nachbarn helfen würde, dass auch sie zu sich und ihren tieferen inneren Wurzeln finden und sie dadurch ebenfalls die Chance sehen, im besten Sinne zu wachsen?

Die Unterschiede auf der Welt und bei den Menschen weisen zwei Parallelen auf: Wir sind gemeinsam auf dieser Welt und wir sind alle Menschen. Manche Menschen haben dies vergessen und hegen stets einen Groll gegen andere Menschen. Sie begründen dies damit, dass wir „Andersseienden" eben anders sind und ein solcher nichts in ihren Kreisen zu suchen hat. Damit geraten wir Andersseiende in eine Schublade, aus der wir nur schwer herauskommen. Ich selbst steckte einst in dieser Schublade und wurde einer dieser Schubladendenker.

Ich möchte dir in diesem Buch erzählen, wie ich zu dem Menschen wurde, der ich heute bin. Frei von dem Gedanken, dass ich die Dinge nicht erreichen kann, weil ich anders aussehe, aus einem anderen Land komme, mein Name nicht richtig ausgesprochen werden kann, dass die Menschen, die mich anschauen, Rassisten sind. Denn so war es in meinen Augen. Meine Erlebnisse zeigen es. Menschen steckten mich in eine Schublade und irgendwann fühlte ich mich auch wohl darin. Ich glaubte, dass ich das bin, was andere in mir zu sehen glaubten: Ein Ausländer, der nur die Jobs und die deutschen Frauen wegnehmen wollte.

Dieses Buch unterstützt dich dabei, dich selbst anzunehmen und frei werden zu lassen von äußeren Reizen, damit du bedingungslos glücklich und erfolgreich werden kannst. Damit du Leichtigkeit, statt Schwere spürst.

Werde zu dem Menschen, dem andere folgen wollen, weil sie an dich und deine Vision glauben. Zu dem Menschen, der seine beruflichen Ziele erreicht, gleichwohl wie du selbst gerade über dich denkst. Ein Mensch, der einfach ist – und genau damit das erreicht, was er will.

Meine Erlebnisse und das, was ich gelernt habe, sollen dir eine Unterstützung dafür sein, Vorurteile als Chance zu sehen und zu nutzen und selbst vorurteilsfrei zu werden. Denn das macht dich zufriedener und glücklicher.

Was glaubst du, wird in und mit deinem Umfeld passieren, wenn du endlich bei dir angekommen bist, ein hohes Selbstbewusstsein hast, selbstsicherer in beruflichen und privaten Situationen handeln kannst? Was würde bei den Personen in deinem Umfeld passieren, wenn du als Vorbild vorausgehst?

All das kannst du auch sein! Wenn du verstehst, weshalb das, was dir in deinem Leben passiert ist, für dich heute ein Schatz ist. Mit diesem Verständnis kannst du der werden, der du heute und in Zukunft sein möchtest.

Ich weiß, wie du dich jetzt fühlst. Vielleicht denkst du gerade, dass das so einfach doch nicht sein kann – alles zu vergessen, was einmal war und dann etwas komplett Neues zu machen. Damit sind doch auch ganze Existenzen verknüpft. Ich kann doch nicht einfach alles hinschmeißen und etwas anderes machen! Ich habe doch Verpflichtungen, Rechnungen zu bezahlen! Ich habe Familie, Kinder, eine Frau und wir wollen doch jedes Jahr zusammen in Urlaub fahren. Oder vielleicht fragst du dich auch: Wovon spricht dieser Mann da bloß? Ich kann dem schwer folgen, wenngleich mir das Ergebnis, das Leben dieses Autors, gefällt, und ich das auch haben möchte – trotzdem klingt das sehr spooky.

Weißt du, das habe ich früher auch gedacht und gesagt. Doch dann bin ich meinen Mentoren begegnet. Sie haben mir aus der Seele gesprochen. Ich habe mir meine ersten Persönlichkeitsbücher gekauft, deren Inhalt verschlungen und adaptiert. Ich habe endlich angefangen, mich selbst anzunehmen und meine Wünsche für mich zu äußern. Meine Mentoren lehrten mich, mich anzunehmen und mir mein Leben nach meinen Wünschen aufzubauen.

Achtung: Dieses Buch ist kein Startschuss für unüberlegte Handlungen. Dieses Buch dient dir, dich selbst und dein Handeln zu verstehen, und warum dein jetziges Ich deine Wünsche und Ziele nicht oder nicht so schnell erreichen wird. Und wie du zu der Person werden kannst, die du sein möchtest.

Im ersten Schritt verstehe bitte, dass wir Menschen oberflächliche und egoistische, in Schubladen denkende Individuen sind. Menschen versuchen dich, ob du das willst oder nicht, in eine Schublade zu stecken. Wenn du nichts tust, findest du dich genau in einer dieser Schubladen wieder, in der du garantiert nicht sein willst. Wenn du dann etwas tust, dann bist du auch in einer der Schubladen.

Was ist demzufolge das, was du unternehmen solltest, jetzt da du das weißt? Genau: mindestens in eine Schublade gesteckt zu werden, in der du auch sein möchtest und nicht zu hoffen, dass andere das für dich tun!

Kämpfe für dein Anderssein.

Jedes Mal, wenn du denkst, dass du anders bist, bist du trotzdem du. Jedes Mal, wenn du glaubst, dass du Zusammenhänge erkennst, die andere noch nicht einmal erahnen, dann bist du du. Die Frage ist also, wann bist du nicht du und weshalb änderst du nichts daran?

Als Ausländer und als Mensch, der mit seinem Anderssein zurechtkommen musst, hast du es in Deutschland nicht leicht. Das ist Fakt. Denn dafür wird durch eine Seite, die das Anderssein verachtet, viel getan. Ich kann es nicht mehr ertragen, wie diese Seite nach jeder neuen Wahl an Prozenten zulegt. Unter anderem nur deshalb, weil wir

Menschen, die anders denken, kleingehalten werden oder uns nicht trauen, den Mund aufzumachen. Ich habe es satt und ich kann nicht mehr länger zusehen, wie wir uns davon negativ beeinflussen lassen.
Ich glaube, dass wir alle unseren Teil dazu beitragen können, in Frieden zu leben. Und vor allem sind wir es selbst, die unser Leben bestimmen und die Verantwortung haben, die beste Version unseres Selbst zu werden. Ich glaube daran, dass wir es in einer Gemeinschaft noch viel weiter schaffen können, um auch unseren Kindern eine Welt in Frieden zu hinterlassen. Egal wie wir aussehen, wo wir herkommen, welche Sprache wir sprechen und welchen Glauben wir haben.

Wenn du als Ausländer oder andersdenkender Mensch dieses Buch liest, wird dir das jetzt sicherlich bekannt vorkommen.

Als Ausländer oder andersdenkender Mensch hast du das Gefühl, andauernd von anderen Menschen angeschaut, beobachtet, bewertet, missachtet, verachtet, ignoriert, belächelt, für nicht ernst genommen zu werden. Dinge, die dir hier passieren, würden dir in deinem Herkunftsland, in deiner Familie oder in deinem Freundeskreis nicht passieren; die Situation kann aber auch hier aus irgendwelchen Gründen eine andere werden und dann ist es wieder da, dieses gefühlte Anderssein.

Kennst du das auch? Wenn dich gewisse Aussagen einfach nur nerven und emotional treffen?

- „Sie sprechen aber gutes Deutsch!“
- „Wie lange sind Sie denn schon hier?“
- „Oh, den Namen kann ich nicht aussprechen, haben sie noch einen anderen?“
- „S i e m ü s s e n s i c h d o r t h i n t e n a n s t e l l e n!“ (Langsam und laut ausgesprochen, klingt das viel lustiger als geschrieben.)
- „Wo kommen Sie her?“ – „Aus Hofheim.“ – „Nein, nein, ich meine ..., Sie wissen schon!?“ – „Aus Hofheim-Marxheim, das ist ein Ortsteil und liegt zwischen Frankfurt und Wiesbaden.“ 😊
- „Sind Sie Marokkaner, Spanier, Tunesier, Asiate, Grieche, Portugiese, Inder, Italiener?“
- „Warum sind Sie hier?“
- „Warum sprechen Sie akzentfreies Deutsch?“

Oder auch einfach Menschen, die folgendes tun:

- Ihre Handtasche an sich pressen, wenn ich von weitem in deren Richtung laufe.
- Mich anschauen und schnell wieder wegschauen
- Im Restaurant bei meiner Frau die Bestellung aufnehmen statt bei mir.
- Der Türsteher lässt mich nicht in den Club.
- In Ämtern werden die Augen gerollt, wenn ich reinkomme.

Wer sagt eigentlich, dass du anders bist? Welche Menschen legen eine Schablone über dich und sagen, dass dein Sein komisch und anders ist? Nur, weil es nicht in diese

Schablone passt? Wer hat diese Schablone für allgemeingültig erklärt und mit welchem Recht? Sind das Personen, die dein Leben bestimmen? Sind das Personen, die dein Leben lenken und dich in der Hand haben? Damit meine ich, sind das Vorgesetzte, Kollegen oder Familienangehörige? Oder sind das primär Personen, die du noch nie in deinem Leben gesehen hast? Ganz egal wer, es ist ein Mensch, der oberflächlich, egoistisch und engstirnig ist. Vermutlich ist es der Mensch, der früher auch anders war und Träume und Ziele hatte, die ihm sein Umfeld genommen hat.

Wie kommt das, dass diese Menschen so hart auf Ihresgleichen, also auch auf Menschen reagieren, die allerdings anders sind oder anders denken?

Wir Menschen gehen stehts von uns aus. Unsere Ratschläge, Beobachtungen und Aktionen, entstehen aus unseren Erfahrungen heraus. Wie würden wir uns in der jeweiligen Situation verhalten, oder besser noch, wie haben wir es gelernt, wie wir uns verhalten sollen? Das passiert völlig unbewusst. Es sind unsere Muster, die wir automatisch abspielen. Generell scheint es mir, dass es einfacher ist, nicht selbst Betroffener zu sein, um die anderen Menschen und Situationen „nüchterner" zu bewerten und den eigenen Senf dazuzugeben, oder? Was aber dann doch vollkommener Schwachsinn ist, denn auch wir gehen nur von uns selbst aus.

Überleg mal, wenn du genau wüsstest, was dein Gegenüber vorhat und dir quasi eine Agenda und Anleitung für sein Handeln geben würde, hättest du dann noch vor dem Menschen selbst Bedenken? Okay, vielleicht über das, was er vorhat, aber das steht wiederum auf einem anderen Blatt.

Wenn du mal dein Leben Revue passieren lässt, wirst du möglicherweise in die Situation gekommen sein, dass dich Menschen z.B. auf deine Herkunft angesprochen oder dich gemieden haben, weil du anders bist. Menschen mit derselben Nationalität und auf gleicher Wellenlänge fragen kurz nach der Region, dann nimmt der lockere Talk seinen Verlauf – kein Misstrauen, keine Spannungen. Man könnte es „Normalsein“ nennen. Vielleicht kennst du diese Situationen, wenn du im Urlaub plötzlich Personen wahrnimmst, die aus deinem Land kommen. Auf einmal ist eine vertraute Verbindung da.

Klar ist es etwas anderes, wenn dich hier Menschen aus Deutschland ansprechen und erst einmal fragen ob du Türke, Marokkaner, Spanier, Asiate, Inder oder Italiener bist. Lustig ist es deswegen, weil keiner in meinem Fall auf Brasilien kommt. Damit wäre ein Geheimnis gelüftet. Daran erkennst du direkt ihre Erfahrung und sogar, meine These, wie weltoffen und welterfahren diese Personen sind. Denn wer schon weiter als Mallorca geflogen ist, wird dies erkennen. Meine eigene Erfahrung zeigt, dass Menschen die viel reisen, weltoffener sind, die Nationalitäten auseinanderhalten können und uns nicht deutschaussehende Menschen wertschätzend behandeln –

trotz unserer gesellschaftlich zertifizierten „Behinderung“ des Andersseins.

Verzeih mir, wenn ich die Dinge humorvoll rüberbringe, bei aller Ernsthaftigkeit, die es hierzulande und in der Welt verbreitet tagtäglich gibt. Die Extreme liegen auf beiden Seiten: diejenigen Leute, die Menschen, die anders sind, nicht wollen und alles dafür tun, dass sie zu ihrem Umfeld keinen Zutritt mehr haben, aber auch jene, die sich zu Wehr setzen und sich das Recht auf ein Leben in Frieden nicht nehmen lassen – und das mit gleichen Mitteln. Daraus resultieren zwei Lager, die sich voreinander abschotten und möglichst nichts von der Existenz des anderen wissen wollen, zum Leid derer, die in der Mitte stehen und sich friedlich austauschen und miteinander wachsen möchten. So wie du einer bist – und ich.

Du bist ein Mensch, der mehr auf Gemeinsamkeit aus ist. Im Grunde gibt es in Zukunft nur noch einen Weg, und das ist der Weg, gemeinsam unsere Welt besser zu machen. Damit meine ich nicht die Menschen, die auf der Erde leben, sondern die Welt per se.

Wenn wir endlich aufhören, nur unser Ego für uns sprechen zu lassen und endlich beginnen, dafür Sorge tragen, dass auch noch Generationen nach uns eine Welt vorfinden dürfen, in der es saubere Luft gibt, wohlschmeckendes Wasser, gesunde Lebensmittel und Frieden, um gemeinsam zu leben und zu wachsen, dann hat die Menschheit eine sorgenfreie Zukunft vor sich. Dafür sind wir alle maßgeblich verantwortlich, ich ebenso wie du. Heute säst du das Korn, das möglicherweise erst in vielen Jahren aufgehen wird. Doch es ist wichtig, dass du etwas hinterlässt, das für dich und die Zukunft anderer wertvoll ist.

Meines Erachtens hat das Anderssein einen Grund. Ich glaube, dass alles in deinem Leben ein Grund hat. Alles, was dir jemals passiert ist und dir angetan wurde, hat eine Ursache, die du vielleicht noch nicht kennst. Ob dieses Denken normal ist oder nicht, möchte ich nicht bewertet wissen, sondern es soll dem Aufbau dieses Buches folgen und dir als Anleitung und Inspiration dienen.

Das „Normalsein“ in unserer Welt schickt eine Frage voraus: Wann sind die anderen normal in deinen Augen?

Die Betrachtung des Verhaltens des anderen, das darauf Rückschlüsse zulassen könnte, ob du normal bist oder eben nicht, ist subjektiv. Objektiv betrachtet gibt es kein Normalsein. Normal ist meines Erachtens die Definition eines Einzelnen, der sich die Mühe gemacht hat, eine Norm zu erfinden, die Menschen kategorisiert und er sich dann in Sicherheit wiegt und gut fühlt, wenn er weiß, wie er agieren und reagieren soll.

Für die meisten dieser Menschen ist ein Indikator dafür, dass sein Gegenüber nicht normal ist, weil er sich vom Äußeren und vom Verhalten her von anderen unterscheidet. Diese Bewertung geschieht in Bruchteilen von Sekunden.

Andere Menschen schieben dich also innerhalb von Sekunden in eine Kategorie, in die sie dich hineinbewertet haben.

Wenn du dir nur einmal vorstellst, dass du es kennst, wie sich Menschen auf eine bestimmte Art und Weise unterhalten, sich bewegen, aussehen, dass sie dir in Mimik und Gestik vertraut sind, dann hast du keine Sorgen, da deine Erfahrung dir sagt, dass von diesen Menschen keine Gefahr ausgeht. Überlege selbst einmal, ob dir, wenn du durch die Stadt gehst, auffällt, wer aus deinem Land oder deiner Stadt kommt und wer nicht? Es gibt immer bestimmte optische Anzeichen, die die Herkunft verraten, ob du willst oder nicht. So auch deine, zumindest annähernd.

Was jetzt hinzukommt, sind die Erfahrungen und der feste Glaube, wie die Welt für dich funktioniert und wie nicht. Kaum zu glauben ist, wie unsere Vergangenheit unsere Zukunft bestimmt, wenn wir nicht darauf achtgeben und wissen, wie wir unsere Vergangenheit für uns nutzen, um unsere Zukunft in positiver Art und Weise zu lenken. Denn jegliche Entscheidung, die wir heute und jetzt treffen, treffen wir mit dem Wissen aus unserer Vergangenheit.

Wenn du dich einmal intensiv mit deiner Vergangenheit beschäftigt und dich mit ihr versöhnt hast, wirst du dich in einer Position wiederfinden, in der dir deine Sensitivität mehr und mehr helfen wird, die Dinge zu verstehen.

Die Tage, an denen du dich irgendwie anders fühlst als die anderen, häufen sich. Ob auf der Arbeit, wenn du das Verhalten deiner Kollegen oder deines Chefs nicht verstehst, oder wenn du in deiner Stammbar die Menschen an der Theke siehst, die sich irgendwie allein durch ihr Trinken für dich auffallend verhalten, erinnern dich stets daran, anders zu sein und wie du früher einmal warst, wer du heute bist und in Zukunft sein möchtest. Deine Gedanken sind anders, und das, was du sagst, kommt bei dem anderen nicht an oder wird nicht verstanden, weil du mit deinen Gedanken schon meilenweit weg bist.

Es gibt dann aber auch die Tage, an denen du vermehrt die Blicke der anderen Menschen aushalten musst und du dir wieder einmal denkst, dass sie etwas in dir sehen, was du nicht bist. Denn was in diesen kurzen Momenten des Bewertens passiert ist, lässt die anderen Menschen ebenso sehen, dass sie anders sind. Das beginnt, Ihnen Furcht einzuflößen, weil es sie in ihrem betäubten Sein stört.

Das Resultat ist, dass du dich abgrenzt. Dich abgrenzt von der unmittelbaren Welt um dich herum, vielleicht auch von dem Leben, dass du eigentlich leben möchtest. Das Leben, das für dich Freiheit bedeutet. Freiheit, in dem, was du tust und vor allem in dem, was du tun möchtest und wann du es tun möchtest. Das zu machen, was dir am Herzen liegt, ohne schlechtes Gewissen und ohne aufzufallen – das ist das, wovon du träumst.

Nicht umsonst gibst du dir Mühe, alles zu tun und zu erfüllen, was von dir verlangt wird und was der Norm entspricht. Du schraubst deinen Willen, mit Energie nach vorn zu gehen herunter, um nicht als impulsiv zu gelten. Den Spaß an den Dingen schraubst du herunter, da Spaß bei der Arbeit als Indiz gesehen wird, die Dinge nicht ernsthaft und seriös anzugehen. Ideen für eine neue Herangehensweise und die Argumente dafür führen dazu, dass du als zu energisch eingeschätzt wirst. Das gemeinschaftliche Arbeiten im Team wird als zu soziales Verhalten angesehen und die Teampartner ausgetauscht, um mit dem Erfolg nicht zu schnell zu wachsen oder den Erfolg teilen zu müssen. Die Methoden, Neukunden und Bestandskunden zu akquirieren und zu betreuen, wird als unkonventionell angesehen, da die Telefonzahlen nicht stimmen. Dennoch wurde das Jahresziel jedes Jahr erreicht und überschritten. Kunden, die dich nicht ernst nehmen, weil du wegen deiner Gene einfach 15 Jahre jünger aussiehst oder aber nicht der deutschen Norm entsprichst ziehen die Zusammenarbeit mit deinem deutschen Kollegen vor. Möglicherweise siehst du dich auch manchmal als anders an, wenn du dir deine Adoptivfamilie anschaust und feststellst, dass diese in der Sonne krebsrot werden und nicht vollmilchbraun wie du. Ebenso kannst du dich auch anders fühlen, wenn du mit deinem deutschen Partner durch die Altstadt gehst und du die Blicke auf euch ziehst. Vielleicht auch dann, wenn du dich vorstellst mit deinem Namen, den viele einfach nicht aussprechen können.

Was es bei dir auch sein mag, auf jeden Fall fühlst du dich anders, wenn dich Menschen kennenlernen und dich nach deiner Herkunft und Geschichte fragen. Vermutlich wirst du bereits tausende Male die Story deiner Herkunft wiederholt haben und findest, dass dich das einfach nur daran erinnert, dass du einfach anders gesehen wirst, als du dich selbst vielleicht fühlst. Dies lässt dich wieder bewusstwerden, dass du anders bist und nicht dazugehörst. Deshalb wirst du dich verstellen, um den Schein aufrechtzuerhalten, dass dich das nicht stört, um den anderen nicht vor den Kopf zu stoßen.

Du fühlst dich wie ein Chamäleon, das sich nicht nur farblich, sondern auch in seinem Verhalten der Umgebung anpassen kann.

Was ich von dir weiß, ist, dass du ein Mensch bist, der bedeutend mehr in sich und in seiner aktuellen Situation sieht. Du erkennst das Potenzial in dir und in anderen. Du hast bereits etwas erreicht und merkst, dass deine Zufriedenheit nicht weiter gesteigert werden kann, auch dann nicht, wenn du deinen Workload noch erhöhst. Jedenfalls erkennst du nun für dich selbst, dass es so, wie es gerade ist, nicht dein ganzes Leben lang sein soll. Also begibst du dich wieder auf die Suche nach dem optimalen Leben, weißt aber noch nicht genau, welche Schritte du dafür gehen musst.

Ich weiß, dass du ein Mensch bist, der gelernt hat, sich anzupassen. Dies ist einfacher, als sich den Bewertungen von außen zu stellen. Ich weiß, dass du eigentlich nicht der Typ bist, der sich den Konfrontationen entzieht, deine Erfahrungen in der Vergangenheit machen dir jedoch einen Strich durch die Rechnung und haben dich gelehrt, dass du lieber die Klappe hältst, als dagegen anzugehen und deine Meinung zu vertreten. Denn du wurdest früher schnell für diese Impulse in dir negativ abgestempelt. Auch wolltest du nicht mit denen verglichen werden, die ihre Meinung stets bis zum Äußersten klarstellen wollen, bei denen es letztendlich überhaupt nicht mehr um die Sache geht.

Bis zum heutigen Tag ist dein gesamtes Leben geprägt von einer Kindheit, in die du zögernd zurückblickst und nicht unbedingt die Abfolge der Jahre herbeisehnst, sondern vielmehr das Kind, das du damals warst. Das Kind, das voller Lebensfreude und Mut die Dinge anpackte. Unbekümmert und mit Leichtigkeit neuen Situationen in Neugierde und Freude begegnete. Du sehnst dich vielleicht auch nach der Fröhlichkeit dieses früheren Ichs, die dich über Dinge hat, herzlich lachen lassen. Vielleicht wünschst du dir auch, dass der Schmerz von damals nicht mehr existiert und du endlich frei im Hier und Jetzt leben kannst – voller Hoffnung auf eine bessere Zukunft.

Die Vergangenheit

Damit ich dir zeigen kann, wie das Anderssein dir heute den Erfolg geben kann, den du möchtest, um das Leben leben zu können, das du möchtest, will ich dich in meine Geschichte mitnehmen. Dieser Blick gibt dir möglicherweise Inspiration, aber vor allem soll es für dich der Startschuss sein, dich aufzumachen zu deiner Reise in deine Zukunftsgeschichte.

Mir hat es sehr geholfen, mich mit meiner Geschichte auseinanderzusetzen, um zu erreichen, dass ich mir heute vollständig darüber bewusst bin, dass mich eine Lebensmaxime schon immer begleitet hat: Freiheit. Keine Sorge, dies wird alles andere als eine mystische Rückführungszeremonie oder irgendeine andere psychologische Raffinesse, um dich zu hypnotisieren, damit du mit deinem damaligen Ich Frieden schließen kannst. Ich werde dir in diesem Buch zeigen, wie dich dein Anderssein dazu bringt, dass du die Welt nicht nur mit den Augen anderer siehst – das tust du teilweise bereits –, sondern vor allem andere Menschen verstehst, sie erkennst und weißt, was sie denken und weshalb sie das tun, was sie tun. Du wirst zu einem Profi, Menschen darin zu begeistern, dass sie das Anderssein brauchen, um erfolgreich und glücklich zu werden. Was kann es also Besseres geben, als das Anderssein dafür zu nutzen, um als unentbehrlich zu gelten. Die Folge: Dein Chef wird dich auf gar keinen Fall gehen lassen oder Kunden werden sich für niemanden anderen entscheiden.

Keine Sorge, ich werde dich am Ende eines jeden Kapitels und manchmal auch zwischendrin herausfordern und dir Aufgaben geben, die du auch direkt in dieses Buch schreiben kannst. Denn dieses Buch ist nicht nur einfach ein Buch, sondern ist eine Anleitung für dein neues, erfolgreiches Leben, wenn du das auch wirklich möchtest. Dies ist für dich und für deine Kinder ein Nachschlagewerk, an das du und sie sich wenden können, wenn Fragen darüber auftauchen, warum viele Dinge so sind, wie sie sind.
Weil es so sein musste, um das zu werden, was du heute bist und vor allem in Zukunft werden wirst.

Du wirst am Ende der Kapitel einen QR-Code finden, der zu einer Videomessage führen wird. Dort erläutere ich dir die Aufgabe. Dies dient dir dazu, eine andere Perspektive einzunehmen und dich nochmals intensiv mit dir auseinanderzusetzen.

In meinem Leben gab es viele Situationen, die mich wesentlich beeinflusst und beeinträchtigt haben, aber genau drei Situationen haben mein Leben maßgeblich verändert.

Situation 1

Am 21.02.1980 begann mein Leben. An diesem Tag entschied sich meine leibliche Mutter, mich zur Adoption freizugeben.

Eine Entscheidung, die ich erst im Laufe meines Lebens realisieren sollte und die heute einen wichtigen Teil meiner Geschichte einnimmt, da ich weiß, dass alles seinen Sinn hat. Im Grunde kann aus dieser Situation in meinem Leben vieles herausgezogen werden. Wie die zwei Seiten einer Medaille, hat auch diese Entscheidung zwei Seiten. Denn auf der einen Seite kann dieser Teil der Geschichte auch vollkommen ins Negative gezogen werden. Ich werde von meiner eigenen Mutter, die mich neun Monate getragen und mir Schutz gegeben hat, wegegeben. Um sich selbst ein besseres Leben aufzubauen, ohne störendes Kind. Ob sie mich je geliebt hat? Möglicherweise bin ich schuld daran, dass sie von ihrer Familie unter Druck gesetzt wurde, weil sie nicht verheiratet gewesen sein soll und dazu auch noch katholisch. Auf der anderen Seite ist da eine besorgte junge Frau, 17 Jahre jung, studiert in Minas Gerais, die, wenn sie sich für mich entscheidet, niemanden ihrer Familie als Stütze haben würde und mir dann nicht das Leben würde bieten können, das ich als ihr Kind verdienen würde.

Was sie nun wirklich tat, war, dass sie sich selbstlos entschied, mir ein besseres Leben zu bieten, indem sie mich zur Adoption freigab. Und damit einer Familie, die sich sehnlichst Kinder wünschte, dieses Glück beschert hat.

Im Laufe meines Lebens habe ich mir darüber intensive Gedanken gemacht – manchmal tief traurig, manchmal mit einem gewissen Stolz erfüllt. In bereits jungen Jahren erfuhr ich von meinen Eltern, dass sie mich adoptiert hatten. Eines Tages riefen sie mich und meinen Bruder ins Wohnzimmer und erzählten uns die ganze Geschichte. Nüchtern und ohne weitere Informationen. Dies war ein Moment in meinem Leben, der mir nur eine Bestätigung dessen war, was mir die Jahre zuvor gespiegelt wurde. Viele Informationen bekam ich nicht – bis heute nicht. Der Name meiner leiblichen Mutter, ihre Herkunft und weitere Einzelheiten konnte ich bislang nicht in Erfahrung bringen. (Einen Versuch zu unternehmen, sie ausfindig zu machen, findest du im letzten Kapitel.) Der Moment der Geheimnisoffenbarung war mir auch nicht wichtig, da ich zuvor viel mit mir gekämpft hatte und im Begriff war, die Zeit in Brasilien abzuhaken. Ich war bereits vom Kopf her komplett auf mein scheinbar neues Ich getrimmt, sodass mir die Vergangenheit sogar störend vorkam.

Zu dieser Zeit war es mir wichtiger, dass ich mich den hier in Deutschland herrschenden Gesetzmäßigkeiten, vor allem den zwischenmenschlichen, und auch den hiesigen Umgangsformen anzupassen versuchte. Denn heute weiß ich, dass ich mir in Deutschland ein neues Leben aufbauen musste, um vor dem Schmerz der Vergangenheit zu fliehen. Denn es lenkt ab, wenn dich ein Gedanke ständig beschäftigt, ununterbrochen mit dir reden möchte. Die Stimme im Kopf.

Kennst du auch diese Stimme in dir, die manchmal einfach nicht still sein will und dir irgendwelche Geschichten erzählt?

Fragen konnte ich zu diesem Zeitpunkt nur meine Eltern, allerdings traute ich mich nicht. Eine Aussage meines Vaters hatte mich dazu gebracht, Angst davor zu bekommen, jemals ein zweites Mal zu fragen. Er fragte: „Sind wir denn nicht mehr gut genug?" Damals eine Frage, die mich erstarren ließ. Denn ich dachte nicht dran, meine Liebe und die Liebe meiner Eltern in Frage zu stellen oder gar einen beleidigenden Akt daraus zu machen, sondern es war meine Neugierde, die mich fragen ließ. Geschürt durch mein nahes Umfeld, dass mir immer wieder dieselben Fragen stellte: Kennst du deine leiblichen Eltern? Hast du sie schon einmal gesehen? Hast du schon einmal nach ihnen gesucht? Es gibt da eine Sendung im Fernsehen, die das übernehmen für dich.

Doch diese eine Szene, die Aussage meines Vaters, hat mich dazu gebracht, nie wieder zu fragen und das Thema für mich ein für alle Mal ruhen zu lassen.
Was würdest du tun? Diese tiefgreifende Situation in meinem Leben hatte Auswirkungen auf mein komplettes nachfolgendes Dasein.

Heute weiß ich, warum er so reagierte. Er hatte Angst. Angst davor, mich möglicherweise zu verlieren. In seinen Augen wollte er mich davor beschützen, etwas zu tun, was mich verletzen könnte. Nämlich herauszufinden, dass ich nicht gewollt war und daraufhin das sichere Leben in Deutschland aufgeben würde.

Vor einigen Jahren begann ich mich während einer Weiterbildung im Rahmen meiner Persönlichkeitsentwicklung mit meiner Vergangenheit zu beschäftigen. In diesem Kontext reflektierte ich mein Leben und stelle mich nochmals meinen prägendsten Situationen. Ich fragte mich, was mich das lehren soll. Weshalb dies passiert ist? Wo ist die Korrelation zu den anderen Situationen in meinem Leben?

Ein Leben lang begleitete mich dieses Thema, ob im Beruf oder im Privaten. Es vergeht fast kein Tag, an dem ich nicht mit meiner Herkunft in Verbindung stehe.

Laut Erzählungen war meine leibliche Mutter 17 Jahre jung, gehörte einer streng katholischen Familie an und es gab für sie damals nur diese eine Möglichkeit. Sich selbst ein vorurteilsfreies Leben zu schenken und mir die Möglichkeit zu bieten, von meinen heutigen Eltern geliebt zu werden und ein Leben voller Chancen zu erhalten.

Was habe ich daraus gelernt?
Es gibt immer zwei oder noch mehr Sichtweisen auf ein Ereignis oder eine Situation. Um davon zu partizipieren, stelle ich mir immer die gleiche Frage: Was möchte das Leben gerade für mich tun? Denn das Leben ist nicht gegen mich, sondern für mich – und auch nicht gegen dich, sondern für dich.

Heute kann ich sagen, dass die damalige Adoption, dass mich meine Mutter verließ, dass mich meine Eltern aufnahmen, dass das alles sein musste, damit ich genau heute Menschen wie dir Mut geben kann, das Beste aus ihrem Leben zu machen und die Kraft und Energie, die durch die Lebensereignisse in Geist und Körper gespeichert sind, zu nutzen, um dein Leben so zu leben, wie du es verdient hast.

Ich bin demütig geworden und habe gelernt zu verzeihen. Denn jede meiner Aktionen hat eine positive Absicht – und sie birgt etwas Gutes für dich.

Ob das immer so sein muss? Das kann ich dir nicht sagen! Die Frage, die ich dann zurückstelle, ist die: Wie würdest du weiterleben, wenn das nicht passiert wäre? Und was ist passiert, dass es erst dazu gekommen ist?

Was ist dir in diesen jungen Jahren passiert? Woran kannst du dich erinnern? Was kannst du heute daraus lernen?

Situation 2

Ich bin fünf Jahre jung, verlassen und niedergeschlagen. Ich stehe in Brasilien an unserem Haus und verabschiede mich von meinem Freund. Ein Moment, der mein gesamtes Leben verändern soll. Ich bin als junger Brasilianerjunge behütet und in einem guten Viertel in Suzano, das liegt östlich von São Paulo, mit meiner (Adoptiv-)Familie aufgewachsen. Mein Leben ist schön. Die Sonne scheint, ich habe Freunde und ich feiere jeden Tag mein glückliches Leben. Wie soll es auch anders sein. In Brasilien ist Musik, Sonne, Strand, frisches Obst und Tanzen angesagt. Es gab keinen Grund, schlecht drauf zu sein. Für mich und meinen Bruder wurde gut gesorgt. Die Highlights in meinem jungen Brasilianerjungenleben sind die Geburtstagsfeiern und die Grillfeste in der Nachbarschaft. Ich liebe es, an Feiern, z. B. im Kindergarten als aktives Mitglied teilzunehmen. So war ich bei einer großen Veranstaltung ein tanzender Hase, mit silberglitzernden Ohren.

Colégio
ieNEC

Es gibt auch andere Erinnerungen. Eine davon ist, dass mein erster Tag im Kindergarten voller Einsamkeit ist. Meine Eltern verabschieden mich und ich halte einen riesigen Ball mit beiden Armen fest. Ich sehe durch die Größe des Balls nicht mehr, was um mich herum geschieht, geschweige denn, was sich vor mir befindet. Meine Eltern sind genau in diesem Winkel auf dem Weg nach draußen und ich sehe sie nicht wirklich. Es sollte aber eine Situation kommen, in der mich dieses Gefühl der Einsamkeit wieder einholen würde und mein Leben um 180 Grad drehen sollte. Im April 1985 war es soweit. Der Tag der Tage. Die Koffer waren gepackt und die Familie in Aufbruchstimmung. Es wurde noch schnell ein Bild von mir und meinem Bruder an der Nachbarswand geschossen und das sollte das letzte sein. Meine Eltern nahmen mich und meinen Bruder auf die Reise in ein für mich neues Leben mit. Ein Leben, das ich nicht kannte und ich mir auch nicht gewünscht hatte. Ein Leben, dass meine Eltern für mich ausgesucht hatten.

Innerhalb weniger Stunden veränderte sich mein Leben komplett. Keine Freunde mehr, keine gewohnten Geräusche, ein ungewohntes Umfeld und ein anderes Verhalten der Menschen. Im Grunde das vollständige Gegenteil zu Brasilien. Es war, als würde alles das, was einmal gegolten hatte in meinem Leben, hier und jetzt einfach keine Rolle mehr spielte. Ich fühlte mich verlassen und allein. Mein erster Kindergartentag kam mir wieder in den Sinn. Ich wusste nicht mehr, wie ich mich „richtig" verhalten sollte. Offen zu sein, herzlich, war für viele hier in Deutschland schon zu viel und ungewohnt. Ich hatte das Gefühl, dass mich die Menschen hier dafür auslachten. Sie fanden das süß oder goldig und ich empfand es als normal. Den Menschen gegenüber wertschätzend zu sein und dies auch zu zeigen. Einfach menschlich zu sein.

Trotzdem musste ich mich im Laufe der Zeit mehr und mehr mit den anderen Kindern beschäftigen, denn auch hier kam die Kindergartenzeit. Ich weiß noch, dass ich dort in der Gruppe wie eine Marionette Dinge einfach nachgemacht habe. Kritik- und emotionslos. Es kam mir vor als wäre ich ein Schwamm, der einfach alles aufsaugte, was ihm in die Quere kam. Ich vermisste Brasilien. In meiner Nachbarschaft waren drei Kinder, die zu meinen Freunden wurden. Darunter ein Marokkaner, mit dem ich heute noch, seit nunmehr 34 Jahren, befreundet bin.

In der Zeit der Grundschule war es dann offensichtlich, dass ich ohne andere Menschen und die Möglichkeit, mir etwas abzuschauen, nicht weiterkommen konnte. In der ersten

Klasse war es für mich das Schlimmste, wenn vorgelesen wurde. In der ersten Klasse wurde ein Buch aufgeschlagen und Mitschüler lasen Geschichten daraus vor. Jeder musste einmal einen Absatz lesen – es ging reihum. Ich hoffte jedes Mal, dass ich nicht drankomme, die Geschichte dann schon zu Ende wäre, wenn ich dran gewesen wäre. Doch kennst du das, wenn du dir etwas wünschst, was nicht passieren soll, dass es dann erst recht geschieht?

Genau diese Gesetzmäßigkeit fand hier statt. Mein Problem an der ganzen Sache war, dass ich nicht lesen konnte. Ich habe einfach die aneinandergereihten Buchstaben, die ein Wort ergeben sollten, nicht verstanden – weder den Sinn noch die Existenz dieser Buchstaben und der Wörter. Ich habe mir lieber die Frage gestellt, wer bestimmt hat, dass das Wort so geschrieben wird und so ausgesprochen wird und warum der Ball Ball heißt und nicht Zaun.

Der Sinn war eben für mich nicht erkennbar und das hat es mir noch schwerer gemacht, mich für das Lesen zu begeistern. Heute ist das anders. Heute habe ich sogar ein eigenes Bücherregel und siehe da, ich schreibe dieses Buch. Irgendwann findet auch ein blindes Huhn ein Korn☺

Meine Eltern hatten natürlich Gespräche mit meinen Lehrern. Sie sorgten sich, denn bei meinem Bruder war alles in Ordnung. Sie gingen mit mir zum CT, um zu schauen, ob ich irgendwelche posttraumatische Veränderungen im Gehirn habe. Denn mit 1 ½ Jahren bin ich in Brasilien nur ganz knapp dem Tod entronnen. Die Terrasse zu unserem

Garten war der optimale Ort, um zu spielen. Sie war breit, das Wetter zeigte sich, wie fast immer in Brasilien, von seiner besten Seite – sonnig und wolkenlos. Ich spielte auf der Terrasse und fuhr mit meinem Bobbycar um das Haus herum. Das Anschieben durch meine Beine und dem dadurch erzeugten Geräusch der Reifen in einem wiederkehrenden Rhythmus folgte eine lange Stille. In der Zeit der Stille parkte ich das Bobbycar am Ende der Terrasse. Ich stieg auf das Bobbycar, um auf die kleine Steinmauer, die die Grenze der Terrasse andeutete, bei der es danach 2 ½ Meter in die Tiefe ging, verlor das Gleichgewicht und fiel in die Tiefe, blieb an einer der weit aus dem Mauerwerk herausragenden Schrauben hängen, die den Strommast an unserem Haus befestigten, und schlug unten hart auf. Meine Mutter hörte mein leises Wimmern. Kurze Zeit darauf befand ich mich in einem OP und wurde mit 14 Stichen an der rechten Seite der Nase genäht. Außerdem wurden eine Gehirnerschütterung und ein Anriss des Schädelbasisknochens diagnostiziert.

Meine Eltern glaubten dann, dass meine später einsetzende „Lernverzögerung“ mit diesem damaligen Unfall zu tun hatte. Der Befund bestätigte diese Vermutung allerdings nicht. Somit musste ich die erste Klasse einfach nochmal wiederholen.

Es war schon ein komisches Gefühl, zum nächsten Schuljahr auf dem Schulhof an der alten Schulklassenreihe vorbeizugehen und mich an die neue zu stellen, die ich nicht kannte. Meine alten Klassenfreunde haben es auch erst nicht verstanden, warum ich mich jetzt an eine andere Reihe stellte anstatt zu ihnen. Ich sagte dann, dass ich die erste Klasse wiederholen müsste und deshalb hier stünde.

Die Schule war für mich bis zum Ende einfach nur der pure Horror. Ich habe das gesamte Konzept nicht verstanden. Für mich ergibt das Schulsystem bis heute noch nicht wirklich Sinn.

Was ich verstehe, ist, dass Menschen, um sich zu verständigen, wissen sollten, wovon der andere spricht. Dass es Zahlen gibt z. B. 1 + 1 = 2. Was ich nicht verstehe, ist, weshalb nicht gelehrt wird, sich untereinander zu „verstehen". Wir sind weit aus dem beginnenden Industriezeitalter herausgewachsen, in dem Menschen an Fließbändern arbeiten mussten und schon in der Schule zu gleichaussehenden und gleichdenkenden Befehlsausführern erzogen und ausgebildet wurden. Auch das ist ein extra Buch wert. Doch was du heute schon machen kannst, ist in deinem Umfeld anzufangen, die soziale Intelligenz bei deinen eigenen Kindern oder der Kinder in deiner Familie oder Nachbarschaft zu fördern. In dem du Ihnen zeigst, dass Kommunikation, Offenheit, Toleranz und Gemeinschaft die Menschen zusammenführt und auch weiterbringen wird.

In der Schulzeit habe ich meinen Rahmen, den ich mir gesteckt hatte, weiter ausgebaut. Ich habe mich und mein Verhalten den anderen Schülern angepasst. Mein „Schwammmodus" war seit dem Kindergarten einfach immer auf Aufsaugen geschaltet. Ich testete mich aus, um zu sehen, was ankam und was nicht. Das kannte ich eben auch von zu Hause. Seit dem ersten Tag in Deutschland habe ich mich auf die Pläne und Aussagen meiner Eltern verlassen. In dieser Zeit sind sie die Dirigenten meines Lebens gewesen. Ich musste mich dadurch um nichts anderes kümmern als darum, mich nicht auffällig zu verhalten, um möglichst nicht ins Visier der schubladendenkenden Menschen zu geraten. Was ich schnell erkannte, war, dass mich Freunde haben mehr machen lassen, wenn ich etwas besonders gut konnte (z. B. Sport), also „Ausrutscher" in das eigene Sein, das Anderssein, akzeptierten. Als würde dies quasi die Erlaubnis sein, mehr das zu tun, was ich wollte.

Das funktionierte natürlich nicht überall und immer; viele der Schulfächer spielten da einfach nicht mit 😊 Bis auf Kunst, Musik und Sport. Diese Fächer waren meine absoluten Lieblingsfächer. Hier musste ich nichts tun, außer zu sein. Das Gefühl, einfach nur zu sein, seinen Gefühlen freien Lauf zu lassen und vollkommendes Vertrauen zu spüren, war bei mir in diesen Schulstunden.

Bei den Bundesjugendspielen die Ehrenurkunde vom Bürgermeister persönlich überreicht zu bekommen oder später als jüngstes Schulbandmitglied aufgenommen zu werden, waren für mich Bestätigungen, dass ich doch etwas wert bin. Oder mit anderen Worten: Dass mein Anderssein doch etwas Gutes ist.

Motiviert durch den Erfolg, der nach und nach größer wurde, bildete sich in diesem Bereich auch mein Selbstbewusstsein. Ich hatte auf einmal für mich eine Methode entdeckt, die mir das Gefühl gab, wieder jemand zu sein. Ich bekam Aufmerksamkeit und Anerkennung. Je besser ich wurde, desto weniger war meine Herkunft ein Thema, sondern die Ergebnisse, die ich abgeliefert hatte. Bereits in jungen Jahren hatte ich mit dem Handballspielen begonnen und war mit sechs Jahren bereits in der Mannschaft auf der halblinken mittleren Position und dirigierte als Spielmacher Mannschaft und Spiel. Mein Team machte mich zum Mannschaftskapitän. Wir gewannen jedes Turnier und wurden fast jedes Jahr Meister.

Ich habe verstanden, wenn ich mich auf die Dinge konzentriere, die ich gut kann, dann würde es mir gut gehen. Es war, als ob es mir gelänge, nicht mehr über die Einsamkeit und das Anderssein nachdenken zu müssen.
Was genau war das dann? War das wirklich ich oder wusste ich jetzt nur, wie ich die anderen beschwichtigen kann, damit sie nicht über mich richten? Sollte so etwas nicht bedingungslos geschehen und ohne die Wenn-dann-Formel?

Mir kommt es vor, als würden wir Menschen nur darauf aus sein, anderen zu gefallen oder Dinge zu tun, um die Aufmerksamkeit der anderen zu erhaschen.

Wir scheinen uns daran gewöhnt zu haben, dass wir nur dann wirklich jemand sind, wenn uns das andere sagen oder uns vermitteln, dass das, was wir machen, gut ist. Interessant wird es dann, wenn wir scheitern, denn dann bleibt oft dieses Feedback aus. Was zur Folge hat, dass wir uns darüber Gedanken machen, ob wir gut sind, genug sind und es wirklich wert sind.

Anstatt genau dann auf uns zu hören und uns zu vertrauen, dass wir ein Mensch sind und Dinge so gut machen, wie wir es zu diesem Zeitpunkt können, kritisieren wir uns, weil unser letzter Post nicht genügend geliked wurde.

Wir alle haben Tage, an denen es uns gut geht und Tage, an denen wir vergessen, dass wir das Steuer in der Hand halten.

„Alles was passiert, geschieht für dich und nie gegen dich!“, so ein Satz, meines Mentors, den ich sehr schätze.

Was möchte ich dir mit diesem Satz sagen? Ich brauchte lange Zeit, bis ich ihn wirklich verstanden habe. Den Satz zu lesen oder zu hören, ist die eine Sache, ihn jedoch wirklich zu verstehen und dann danach zu leben und zu handeln ist die andere. Das bedeutet doch dann, dass alle Situationen, die deinem Leben begegnen, eine Botschaft innehaben, die es zu entschlüsseln gilt. Was das Ganze zunächst einmal spannend macht, finde ich. Denn ich verschwende nicht die Zeit damit, mir Gedanken darum zu machen, dass eine Situation von jemandem veranlasst wurde, um mir persönlich zu schaden, sondern um mir irgendetwas mitzuteilen. Entweder, dass ich irgendwann vorher, bevor die Situation eintrat, etwas verpasst oder nicht entschieden hatte zu tun, weshalb dann diese Situation initiierte, oder aber, dass ich etwas Neues lernen darf, was mich wachsen lässt. Denn dann würde ich in Zukunft anders handeln und mich vielleicht auch anders verhalten.

Wenn ich also weiß, dass dies mein Leben bereichern wird, dann kann ich mit einem positiveren Gedanken herangehen.

Positive Gedanken helfen, schneller Lösungen zu finden, da mein Limbisches System in diesem Fall auf Hochtouren läuft, statt im umgekehrten Fall die Rezeptoren, die Botenstoffe empfangen sollen, abgeschaltet sind (bildlich gesprochen). Das hat zur Folge, dass ich nicht wirklich gut denken kann. Das kennst du vielleicht auch, wenn du dich über etwas sehr ärgerst, du nur noch „rot“ siehst und du das Gefühl hast, dass sich die ganze Welt gegen dich verschworen hat. Positive Gedanken oder Ideen gibt es in diesem State dann nicht (der State ist der Zustand, in dem du dich jeweils befindest – positiver oder negativer State, auch gern HigherSelf oder LowerSelf genannt). Auch der mentale Zustand ist dafür zuständig, wie du im Jetzt bist.

Wie kannst du also diesen Zustand des Denkens bekommen? Es klingt ja auch einfach, zu denken, dass man dies einfach nur denken muss und dann ist es so! Und genau so ist es auch!
Wer hält dich davon ab? Niemand! Es gibt kein Amt dafür, das dir sagt, dass du erst eine Zertifizierung erhalten musst,

um genau so zu denken! Es wird auch keine Polizei kommen, um zu schauen, ob du dich auch genau an die Gedankenregeln hältst!

Der einzige, der dir sagt, dass du so leben und denken darfst, um weiterzukommen und glücklich zu sein, ist wer? Na, wer?

DAS BIST NUR DU!

Niemand anderes als du selbst ist dafür verantwortlich, wie du dein Leben verbringst, nutzt oder gar vergeudest.
Ein Gedanke dazu? Wer hat entschieden, dass du dort bist, wo du jetzt bist?

Das warst nur du ganz allein. Klar wirst du jetzt Momente in deinem Leben finden, in denen andere für dich entscheiden werden oder dir einfach keine andere Wahl lassen. Doch das existiert in der Wirklichkeit nicht. Was dich dazu gebracht hat, das zu tun, was die anderen wollen, warst du. Wie meine ich das? Angst! Angst ist ein essenzieller Treiber des Menschen. Stell dir einmal vor, du hättest vor nichts Angst: keine Angst zu versagen, keine Angst ausgestoßen zu werden, keine Angst, neue Dinge zu versuchen, keine Angst vor deiner eigenen Courage …
Wer würdest du heute sein? Wen würdest du heute darstellen? Was würdest du heute tun? Hättest du dann dein Leben, dass du haben möchtest? Wenn du dies mit ja beantworten kannst, dann sag mir bitte jetzt nochmal: Wer ist dafür verantwortlich, dass du die Situationen als Chance siehst und dich fragst, was dir das Leben damit sagen möchte?

Es hat doch einen Grund, weshalb du das erlebst. Alles, was kommt, kommt, weil du dafür bereit bist. Andernfalls würde es nicht in dein Leben kommen. Denn du würdest es nicht erkennen. Das Erkennen, was hinter den Situationen deines Lebens steckt, bedeutet, dass du weitergewachsen bist. Früher als Kind verstanden wir viele Dinge, die Erwachsene tun, nicht. Zum Beispiel Käse essen, Spinat essen, Liebe, Sex etc. Heute bist du älter, erwachsen (erWACHsen). Wach auf für die Dinge dort draußen.

Du hast dir dieses Buch geholt, weil du bereit bist. Es ist für dich jetzt an der Zeit, zu erwachen und zu sehen, was das Leben noch für dich bereithält. Du hast dir dieses Buch geholt, weil du glaubst, dass in dir etwas ist und du nicht genau weißt, was du damit anfangen sollst. Dieses Buch ist der Anfang, um zu erkennen, dass du so bist, weil andere dich, dein Anderssein, deine Größe und deine Geschichten brauchen, um zu wachsen.

Stell dir weiter vor, dass andere Menschen in deinem Umfeld ein anderes Leben leben, weil du es tust? Was würde das für dich bedeuten? Wenn du dein Leben lebst, so wie DU es fühlst und wie DU danach verlangst, wird sich dein Umfeld verändern.

Doch oftmals ist es gerade das Umfeld, dass uns davon abhält, das zu tun, was wir wirklich, wollen. Wie eine angezogene Handbremse, ein Klotz, der uns unten halten möchte. Meistens liegt das Problem genau neben uns im Bett. Ich weiß, wie schwer es ist, seinem Verlangen, seinem Drang nach dem Leben, wovon du für dich oder euch und deine Familie träumt. Du weißt vielleicht sogar schon, wie du es machen würdest, aber die Umstände halten dich zurück.

Es ist eine Entscheidung, die du treffen musst. Die Entscheidung, Klartext zu sprechen. Mit deinem Partner, deiner Familie und deinem Umfeld. Wenn du weißt, dass DU es willst und es bereits mit all deinen Sinnen wahrnehmen kannst, dann ist es längst in deinem Leben. Warum viele Menschen ihrem Verlangen nicht nachgehen? Aus Angst – Angst, die Konsequenzen zu tragen. Doch wer wird sich schon bei dir dafür bedanken, dass du deinen Traum nicht verwirklicht hast? Um noch konkreter zu werden. Sie sind möglicherweise vor dir tot und du hast dein Leben gelebt, das andere dir auferlegt haben, nur damit sie ihre Unzulänglichkeit, ihre Träume zu leben nicht realisiert bekommen haben und du deshalb auch nicht. Dabei fühlen sie sich gut. Noch ein Real Talk: Menschen sind Egoisten und oberflächlich. Wenn Menschen dich unterstützen, konstruktiv unterstützen, dann sind es die passenden Gesprächspartner. Ansonsten denkt jeder nur an sich mit dem Ziel, besser auszusehen im Leben als du und alle anderen!

Natürlich wollen die Menschen in deinem nahen Umfeld nicht, dass du dich veränderst. Weil du dann schwerer zu handhaben bist. Diese Personen sind es gewohnt, wie du bist, dich verhältst, wie du gehst, wie du angezogen bist, was du arbeitest, dass du fernsiehst, nicht liest, einmal im Jahr in Urlaub fährst, einen Fiat hast, nach der Arbeit einen trinken gehst usw.

Die wissen, wie sie dich zu Partys bekommen, wie sie mit dir reden sollen, um das zu bekommen, was sie wollen.
Jetzt auf einmal entscheidest du dich endlich, dein Leben zu leben und kümmerst dich um Dinge, die du vorher nicht

einmal registriert hast. Natürlich reagieren dann Menschen in deinem Umfeld darauf. Die einen, die das gut finden und nur darauf gewartet haben, die anderen, die das tolerieren, das aber von etwas weiter weg anschauen und diejenigen, die sich nicht mehr melden.

Ich kann dir die Angst davor nehmen, solltest du sie gerade verspüren. Es macht Platz für die Menschen, die da kommen werden. Denn es werden sich andere Menschen von dir angezogen fühlen, die dann so sind, wie du dann sein wirst. Das wird dich beflügeln und dir dabei helfen, dich in dein „WAHRES" ICH zu transformieren.

„Alles, was du in deinem Leben lernst, hat erst dann einen Wert, wenn du die Dinge auch anwendest!", Autor unbekannt.

Glaube nichts, was ich hier schreibe. Vertraue dir und deinen Fähigkeiten. Doch eines darfst du für dich ausprobieren. Wende die Dinge, die du liest, die du von anderen Trainern, Coaches und Mentoren hörst, an. Mache dir erst dann ein Bild davon, was das mit dir macht. Jedes Mal, wenn du mit einem Menschen sprichst, bekommst du unbewusst Signale von deinem Gegenüber gesendet. Dies wird bei dir abgespeichert und du wendest das unbewusste Wissen für dich an. Vieles, was du machst, machst du, weil du es gelernt hast. Dabei sind bewusste und unbewusste Informationen zu dir durchgedrungen. Du hast gelernt, auf gewisse Situationen zu reagieren, weil in der Vergangenheit schon einmal eine ähnliche Situation war.

Wenn du das also jetzt weißt, dann ist es doch auch möglich, die wichtigen Dinge bewusst steuern zu können. Nutze das, was du gehört hast, hole es in dein Bewusstsein hoch und überlege dir, wie und wann es für dich am besten nutzbar gemacht werden kann.

Für mich am wichtigsten ist, dass ich das Wissen direkt anwende, damit dies meine neuen, unterbewussten Handlungen werden. Denn erst bei der Anwendung wird es real. Das fühlt sich im ersten Augenblick komisch an. Es ist neu. Ein neues Verhalten. Ein neuer Bewertungsablauf. Das Gehirn allerdings baut, ohne dass du es merkst, bereits neue neuronale Verbindungen, die umso fester werden, je mehr du tust. Je nach Zeit und Intensität wird es schneller oder langsamer zu einer neuen, unbewussten Handlungsmechanik übergehen. Was irgendwann einmal verrückt war, ist dann dein neuer Standard. Andere Menschen sagen dazu normal. Doch der Unterschied liegt darin, dass du aus dem vorhergehenden Normalsein (also so zu sein, wie dein Umfeld) in ein „Unnormalsein“ wechselst (in deren Augen), aber in das Normale hineinkommst derer, die diesen Prozess bereits hinter sich haben. Du triffst Menschen, die nach außen hin verrückt sind, aber du empfindest diese als normal.

Wer nun sagt, dass du nicht normal bist, dem solltest du dankbar sein, denn er zeigt dir, dass du gewachsen bist und du auf dem Weg bist zu deinem Leben, das du dir wünschst.

Heute weiß ich, dass dieser Prozess dazu geführt hat, dass ich mir keine Gedanken mehr darum mache, wie ich aussehe, wie ich heiße und ob mich andere Menschen schief anschauen. Ich weiß, dass ich gerade jetzt so bin wie ich bin – und das ist gut so. Ich weiß auch, dass andere Menschen mich eben nicht kennen und gebe ihnen aktiv die Chance, mich kennenzulernen. Wenn das dann nicht passt, weil der Gegenüber eben nicht auf dem gleichen Level ist, dann bedanke ich mich für das Gespräch und gehe weiter auf meinem Weg. Du wirst auf dem Weg viele Menschen treffen, die dich ein Stück begleiten, dann allein Rast einlegen und zurückbleiben, oder andere, die dich überzeugen wollen, einen anderen Weg zu gehen. Entweder er führt ebenfalls an dein Ziel oder eben nicht. Dann lässt du dich nicht beirren und verabschiedest dich.

Der Grund, weshalb du nicht dort bist, wo du sein möchtest, liegt nicht daran, dass du Ausländer bist oder anders zu sein scheinst als dein Umfeld, sondern schlicht und ergreifend an dir selbst!

Die Welt ist so, wie sie Menschen machen. Häuser wachsen nicht aus dem Boden wie ein Baum. Straßen sprießen nicht aus der Erde wie Gras. Es ist durch Menschenhand erschaffen. Die Idee eines Einzelnen, der glaubt, dass dies so geht. Andere glauben ihm und machen es nach. Gesetze sind entstanden und waren nicht einfach da. Menschen haben ein Abkommen geschlossen, sich daran zu halten. Gesetze sind auch wichtig und nützlich, wenngleich nicht alle.

Dennoch geben sie deinem Leben einen Rahmen, um darin frei agieren zu können.

Doch dass du dein Leben aufgeben oder jemand anderen übergeben sollst, dich verleugnen sollst, deine Herkunft verstecken willst, deinen Vornamen oder Nachnamen ändern willst, fordert niemand von dir. Du selbst entscheidest das. Du glaubst, dass dich das an das Ziel bringt, dass du glaubst, haben zu wollen.
Wenn es wirklich dein Ziel ist, dann würdest du es mit voller Akzeptanz für dich und mit voller Selbstliebe und Selbstbewusstsein für dich so wie und wer du bist, durchziehen. Das ist wie einen Baum Stück für Stück zu stutzen, bis er nicht mehr der prachtvolle Baum ist, sondern nur aussieht wie ein gerupftes Huhn.

Früher dachte ich, dass dies der Grund ist, warum ich nicht glücklich bin. Ich versuchte, meine Angriffsfläche zu minimieren, damit mich keiner mehr persönlich treffen kann. Das hatte zur Folge, dass ich irgendwann nicht mehr ich selbst gewesen bin. Früher habe ich dazu gesagt: Ich bin das Produkt der Gesellschaft!
Das ging dann soweit, dass ich nicht mehr für mich entschieden habe, sondern für den anderen, für den, der anders ist.
Als ich letztlich mit Burnout bei meiner Ärztin zusammengebrochen bin, habe ich realisiert, dass mein Leben nicht mehr da war. Ich hatte nichts mehr. Alles, was ich aufgebaut hatte und wer ich damals war, löste sich von heute auf morgen in Luft auf.

Wer bist du, wenn nichts mehr da ist? Wenn du heute nach Hause kommst und nichts ist mehr da? Rein gar nichts. Du stehst nun gerade mit dem Buch auf einer freien Fläche und keiner ist mehr da.

Situation 3

Damals war ich in einem tiefen Loch.
Ich verlor mich selbst und um mich wenigstens noch ein wenig gut zu fühlen und bestätigt zu bekommen, dass ich existierte, arbeitete ich viel. Nicht weil es mir Spaß machte, sondern weil ich dachte, dass ich das muss, um anderen zu gefallen und mir zeige, dass ich noch da bin.

Bis eben eines Tages der Moment da war, als ich zusammenbrach und ich nichts mehr tun konnte. Ich war wie gelähmt. Das Gefühl von Ohnmacht. Selbst der Gedanke, einen anderen Sender im Fernsehen einzuschalten, stellte sich für mich schon zu schwierig dar.

Das Burnout war jedoch das Schlüsselereignis. Denn das Schlimmste war, dass ich danach wieder andere Menschen verurteilte und bewertete. Ich hatte also in der Zeit nichts gelernt. Stattdessen machte ich andere dafür verantwortlich, dass ich ein Burnout hatte.

Nein was mir half, waren Menschen, die mir zeigten, dass es weitergeht. Mein Trauzeuge und Freund Frank Felgenhauer, meine Frau Nadine und einer meiner besten Freunde, Markus Conrad.

In dieser Zeit habe ich Marus Conrad kennengelernt. Er hat mich in die Welt der Seminare eingeführt.

Als ich aus diesem Loch herauskam und mich mit Persönlichkeitsentwicklung auseinandersetze, erkannte ich, dass ich selbst alles hinbekommen kann, solange ich an mich und meine Fähigkeiten glauben würde, alles erreichen zu können, weil ich der Einzige bin, den ich um Erlaubnis fragen muss.

Speziell bei einem Seminar hat sich mein Leben maßgeblich verändert.

Im Laufe der Zeit war ich auf einer Vielzahl von Seminaren, Workshops und Ausbildungen. In vielen dieser Seminare ging es um ähnliche Themen und es wurden meistens die gleichen Fragen gestellt. Ich hatte sie in den vergangenen Seminaren zwar gehört und gelesen, aber einfach nur logisch versucht zu beantworten. Ich habe sie also nicht mit der nötigen Tiefe gelesen und verstanden.

Bis ich eines Tages eines der Seminare besuchte, bei dem ich diese Fragen das allererste Mal wirklich für mich verstanden und gefühlt habe. Dieses Seminar war eins von Tobias Beck.

Wer bist du?
Wer willst du sein?
Was sind deine lebensverändernden Situationen gewesen?
Was haben diese gemeinsam?
Was hast du daraus gelernt?

Wenn du genau hinschaust, dann erkennst du, dass die Antworten nicht außerhalb deiner selbst zu finden sind, sondern in deinem Inneren.

Das war der „Changing Moment of my life". Danach haben sich meine Sichtweisen komplett verändert. Ich nahm mich selbst wieder wahr. Ich nahm mich an. Ich wusste endlich, was meine Aufgabe ist und vor allem, warum die Dinge in mein Leben gekommen sind.

Mir war auf einmal klar: Das Suchen hatte ein Ende. Denn ich hatte an der falschen Stelle gesucht, in der Gegenwart und in der Zukunft, anstatt zu schauen, was denn schon da war.

Wenn du anfängst aus dem, was bereits vorhanden ist, etwas zu machen, werden sich deine Pläne zu deinen Gunsten anpassen und wirst deine Ziele erreichen.

Es macht dich frei, zu wissen, was du willst und wohin du möchtest.

Stell dir vor, du musst niemanden fragen. Mach es für dich. Für dich ganz individuell. Und wenn nicht für dich, dann für die Menschen, die auf dich zählen. Du wirst feststellen, dass du plötzlich ungeahnte Energie bekommen wirst und damit mehr erreichen wirst, als du dir jemals erträumt hast. Den Job, denn du wolltest, weil du weißt, wer du bist und was du kannst. Eine glückliche Familie und Kinder, die dich lieben und du ihnen das geben kannst, was du niemals hattest. Vielleicht wirst du auch anderen Menschen einen Arbeitsplatz geben, die für sich selbst dachten, keine Chance im Leben zu bekommen. Wer wirst du in Zukunft sein? Wer willst du sein?
Mach dir Gedanken darüber, was du in deinem Leben bereits erlebt hast und warum? Was soll dich deine Vergangenheit lehren? Was hast du bereits gelernt?

Du wirst an den Punkt kommen, an dem du dich fragst, wie es weitergehen wird. Diese Frage bekommst du beantwortet, wenn du dich voll und ganz in den Dienst deiner Sache stellst. Denn dann wirst du demensprechend handeln und Entscheidungen treffen. Es geht ab einem gewissen Punkt nicht mehr um dich allein, sondern darum, wie du mit deinen Erfahrungen, Kenntnissen und deinem Wissen das Leben vieler anderer Menschen verbessern kannst.

Auf den kommenden Seiten wirst du mit deiner Reise beginnen. Mach dich auf in dein neues Leben.

In jedem von uns steckt eine Geschichte. Eine Geschichte, die uns geprägt hat. Eine Geschichte, die uns zu dem gemacht hat, der wir heute sind. Was ist deine Geschichte? Wenn du dich einmal zurückerinnerst, an eine Zeit, in der du noch klein warst. Vielleicht kannst du dich zurückerinnern, wie du mit fünf Jahren gespielt hast. Oder vielleicht kannst du dich an eine Situation in deinem Leben erinnern, die dich geprägt hat, In der etwas passiert ist, das dich fröhlich und glücklich gemacht hat und die du noch heute weißt.

Der Link führt dich auf ein geschütztes YouTube-Video.

Deine Geschichte

Notiere dir Situationen aus deinem Leben, die dich glücklich gemacht und im positiven Sinne geprägt haben. Wer und was hat dich positiv geprägt? Bring die Ereignisse in chronologischer Reihenfolge.

1.____

2.

3. ______________________________________

4.

5.

A. Wie bist du aufgewachsen?

Notiere, wo du aufgewachsen bist. Bist du in einem Haus oder einer Wohnung aufgewachsen? In einem Dorf oder in einer Stadt? Mit der Familie oder allein?

B. Was hat dich glücklich gemacht?

Was sind deine Rituale gewesen. Bist du in einen Verein gegangen. Warst du gern bei oder mit bestimmten Personen unterwegs. Hat dir ein Essen besonders gefallen?

C. Was hat dir früher Spaß bereitet und die Zeit zum Stehen gebracht?

Welche Aktivitäten haben dir als Kind oder in der Jugend besonders viel Spaß gemacht?

Was dein Leben dir zeigt

Auf den vorhergehenden Seiten ging es darum, zu zeigen, dass wir uns zum einen wirklich schwertun, die positiven Seiten unserer Vergangenheit zu sehen, sie wiederzufinden und uns mit ihr auseinanderzusetzen. Einfacher ist es immer, die negativen Situationen in unserem Leben zu rekapitulieren. Auch dies ist normal. Denn unser Gehirn will uns schützen. Schützen geht am besten, wenn das Negative präsenter ist als das Positive, so meine These. Das bedeutet, wenn ich in eine Situation komme, die einer ähnelt, die damals nicht gut ausgegangen ist, warnt mich mein Gehirn und gibt mir zu verstehen, dass ich vorsichtig sein soll, weil es nicht clever ist, was ich jetzt vorhabe. Es ist also ein Schutz, vor gleichen negativen Konsequenzen, die unsere Referenzerfahrungen in der Vergangenheit gespeichert haben. Im Grunde ist das auch eine großartige Sache, denn keiner von uns würde heute nochmals auf die heiße Herdplatte fassen. Denn auch heute ist sie heiß, wenn sie nicht gerade mittels Induktion heizt.

Die Vergangenheit per se ist erst einmal nicht gut oder schlecht. Sie ist neutral. Denn, kannst du sie verändern? Nein! Kannst du sie irgendwie beeinflussen? Nein! Was du aber machen kannst, ist die Bewertung und Bedeutung der vergangenen Ereignisse neu zu setzen. Wie soll das denn funktionieren?

Der erste Schritt ist in die Liebe zu gehen und zu verzeihen.

„Ich verzeihe mir selbst und den Menschen in meinem Umfeld. Denn ich und die Menschen in meinem Umfeld wussten es nicht besser."

Jeder von uns hat eine Geschichte. Also Situationen im Leben, die einen beeinflusst haben. Die der Grund sind für das, was wir sind. Viele Menschen bleiben darin verharrt und kommen dort nicht mehr raus. Für diese Menschen ist diese Situation zur Realität geworden. Sie haben die Sicht auf die Welt übernommen, dass alles so ist, wie sie es erlebt haben. Sie haben den Glauben daran verloren, dass sie selbst der Architekt ihres Lebens sind. Sie geben sich in der Situation völlig auf und werden diese für den Rest ihres Lebens nicht mehr los. Dass du das selbst in der Hand hast, habe ich dir bereits in den vorhergehenden Kapiteln mitgeteilt. Selbstverständlich gibt es hochemotionale Situationen in deinem Leben, bei denen du das Gefühl hast, dass dir jemand das Herz herausreißt. Zum Beispiel, wenn geliebte Menschen gehen müssen, sterben und nicht wiederkehren. Wenn die emotionalen Verbindungen, die wir Menschen verlernt haben zu sehen, aber dennoch spüren, auf einmal durchtrennt werden, ist der Schmerz enorm stark. So stark wie der Energiestoß bei einer Atomspaltung. Die Energie, die bei dir freigesetzt wird, wird oft nicht genutzt, um sich in Liebe zu begeben und sich selbst zu heilen, sondern sich im Schmerz zu verlieren und zu verdrängen.

Viele Menschen laufen mit den Schmerzen ihres Lebens durch die Welt. Sie können, wollen und glauben nicht, dass du glücklich bist, sein willst, oder dich verändern möchtest. Diese Menschen sind fern von Veränderung, da sie diese als negativ und gefährlich einstufen. Sie werden alles dafür tun, dass du dort bleibst wo du bist.

Das Schwierige dabei ist, dass diese Menschen dich ebenfalls beeinflussen. Je nachdem, was sie in ihrem Leben erlebt oder besser gesagt nicht erlebt haben, werden sie dich mehr oder weniger stark darin hindern, dass du dir dein Leben schön machst. Ich nenne diese Teile im Menschen Neid, Ego und Ignoranz.

Neid, denn sie möchten das selbst haben, wissen nicht wie, oder trauen es sich nicht.

Ego, denn wenn sie es nicht schaffen, soll es auch kein anderer guthaben, der diese Idee hat.

Ignoranz, da Ihnen vermutlich auch kein Mensch geholfen hat, als sie Hilfe brauchten.

Was kannst du also tun?

Ich habe für mich zwei Dinge festgelegt.

Wenn ich den Menschen helfe, mit denen ich wachsen möchte und ich alles gebe, dann wachse ich mit ihnen.
Die Menschen, die nur von mir fordern und Energie ziehen, meide ich nicht nur, sondern schließe diese aus meinem Leben aus.

Kennst du Personen, die dich eher aufhalten, statt dir Energie zu geben?

Du wirst nun vielleicht denken, dass ich doch ebenfalls der ersten Gruppe Energie gebe. Wie kann ich denn dann davon partizipieren? Es geht nicht unmittelbar darum, dass du dadurch etwas Materielles zurückbekommst, sondern dass die Energie zurückkommt, in dem sie sich freuen, geholfen zu bekommen und ich selbst viel für mich gelernt habe, was ich wiedereinsetzen kann. Hier meldet sich der kategorische Imperativ des Philosophen Immanuel Kant. Das wirkt sich unmittelbar auf mich aus. Denn ich fühle mich besser und der Energieaustausch in Form von Weiterempfehlung, Netzwerkerweiterung und Unterstützung von diesem Umfeld ist das, worauf ich mit meiner Zeit einzahle.

Seit über 22 Jahren bin ich im Vertrieb tätig und arbeite, obwohl ich verschiedene Positionen in unterschiedlichen Unternehmen innehatte, mit denselben Kunden zusammen.

Das ist Netzwerken. Du investierst in die Menschen, die dich dein Leben lang begleiten werden. Ein Satz meines Mentors zeigt es sehr gut auf: „Mache andere groß und du wirst selbst groß werden!“ Diene Menschen bedingungslos und du wirst es vielfach zurückbekommen.

Stell dir einfach mal vor, dass du 10 Menschen bedingungslos weiterhilfst. Diese erzählen es 10 Menschen. Dann wissen 100 Menschen von deinen Taten. Wenn davon 10 Personen auf dich zukommen und deine Services möchten, dann hat sich der Einsatz deiner Energie mehr als gelohnt und das ohne Erwartung daran geknüpft zu haben.

Stelle niemals dein Business in den Vordergrund, sondern die Beziehung zu dem Menschen, der vor dir steht. Es ist ein Mensch, mit dem du möglicherweise bis zum Ende deines Lebens zu tun haben wirst. Ich gehe sogar soweit, dass jeder Mensch auf der Welt etwas von dir lernen kann und du von ihm – wenn ihr es möchtet. Stell dir einfach mal vor, dass du dadurch etwas Neues lernst, was du schon immer lernen wolltest und ihr dadurch eine enge Verbindung habt. Das ermöglicht dir vielleicht auch in ein paar Jahren in dem Land zu arbeiten, in dem dein neuer Kontakt lebt. Wie lernst du diese Menschen kennen? Einfach offen für Neues sein.

Und das hat nichts mit dem Äußeren zu tun. Es ist egal, wie du aussiehst, wo du herkommst, wie dein Vorname lautet oder wie du denkst. Wenn du anfängst, dein Anderssein als Gutes für andere einzusetzen, wirst du glücklicher werden und die Menschen werden dich lieben. Menschen, die das in dem Moment nicht mögen, sind eben die Menschen, die nicht die richtigen für dich sind. Sei dankbar dafür, denn dadurch weißt du, dass du eine andere Umgebung benötigst. Sprich jedoch immer aus vollem Herzen und von deinen inneren und tiefen Gedanken und Überzeugungen. Denn dann erreichst du die Menschen direkt bis in ihr Herz. Kommt es bei manchen Menschen nicht an, dann sind diese Menschen noch nicht soweit. Erinnere dich zurück. Auch du warst früher vielleicht in dieser Situation und auch bei dir hat es eine Weile gedauert, um die Dinge zu verstehen.

Warum erzähle ich das alles? Weil ich glaube, dass solche und andere Situationen in unserem Leben uns etwas sagen wollen, wir aber in diesem Moment vielleicht noch nicht genau wissen, was das alles zu bedeuten hat. Heute weiß ich, dass diese Dinge in mein Leben gekommen sind, um mich für etwas viel Größeres als ich es je sein kann, vorzubereiten. Kennst du auch Situationen in deinem Leben, die erst einmal überhaupt keinen Sinn ergaben, von denen sich aber später herausgestellt hat, dass der Verlauf gut war, sonst wäre dir möglicherweise noch viel Schlimmeres passiert oder du hättest die offensichtlichen Chancen nicht nutzen können?

Menschen, die dir weiterhelfen können, sind überall. Wenn du offen bist, werden sie dich finden und du sie. Dann liegt es an dir, ob du daraus etwas machst oder eben nicht.

Ich glaube daran, dass alles im Leben seinen Sinn hat, ich zwar oft am Anfang nicht weiß, wofür die Situation noch gut sein kann, jedoch anschließend feststelle, dass ich das gerade gebraucht habe. Mit Sicherheit, um persönlich zu wachsen oder neue Erkenntnisse zu bekommen. Diese Helfen mir wiederum in der Zukunft.

Die kommende Übung soll dazu dienen, dass du dir einmal visualisierst, was dir passiert ist. Sobald du es einmal aufgeschrieben hast, wirst du bemerken, dass du diese Situationen ganz anders siehst. Auch jetzt noch einmal, obwohl es möglicherweise schon so lange her ist.

Konzentriere dich jetzt darauf, dich in den Zustand zu bringen, der dich an die Situationen heranführt, in denen du mit dir selbst gekämpft hast und die dir nicht in guter Erinnerung geblieben sind.

Ziel ist es, dich von diesen negativen Momenten in deinem Leben zu verabschieden. Was auch immer das für dich bedeutet.

Deine nicht so schönen Momente in deinem Leben

Was durftest du nicht mehr?

Zu wem hat es dich gemacht?

Atme nun einmal durch. Diese Übung ist für den einen oder anderen anstrengend und die Emotionen hatten nach langer Zeit wieder freien Lauf. Dies ist wichtig und fördert die Transformation zu dem Menschen, der du wirklich bist.

Wachse gemeinsam mit anderen.

Ein Leben in einem anderen Land ist aufregend. Neue Dinge zu entdecken, andere Menschen, die neue Kultur. Die Hoffnung, ein neues Leben aufzubauen und der Blick auf eine sorgenfreie Zukunft. Eine Familie gründen, ein Haus, ein Job, der Spaß macht und der Erfolg, der es einem ermöglicht, sich seine Wünsche und die der Familie zu erfüllen. Der Fokus ist nach vorn gerichtet und das atypische Vorgehen, einen Job zu finden und diesen so gut zu machen, um vom Arbeitgeber Anerkennung zu bekommen und in der Familie als der Mensch zu gelten, der für sie sorgt. Die Vorstellung, die ersten Schritte im Job zu unternehmen, sich voll einzubringen und die Gedanken, wie das Unternehmen am besten von den eigenen Fähigkeiten partizipieren kann, bilden eine rauschende Vorfreude auf das künftige Leben.

Du bewirbst dich und wirst genommen, weil du weißt, wie du dich zu verkaufen hast. Du hast überzeugt und dein Arbeitgeber glaubt daran, dass er es mit dir versuchen möchte und dir zutraut, dass du den Job gut machen wirst, oder eben das Köpfchen hast, dich hineinzuarbeiten.
Die ersten Tage vergehen und du bist noch voller Elan. Du lernst die einzelnen Prozesse kennen und evtl. hast du auch schon die ersten Kontakte mit deinen Kunden geknüpft und vermutlich auch die ersten erfolgreichen Telefonate hinter dich gebracht. Du stellst fest, dass dir das unheimlich viel Spaß macht und bringst Ideen in die Runde ein. Die Kollegen, die am Anfang von dir begeistert sind und sich freuen, dich

als neues Teammitglied zu haben, sind plötzlich nicht mehr ganz so touchy. Sie sehen, dass du einen schnellen Überblick bekommen hast und bereits weißt, worauf es ankommt. Dies hat zur Folge, dass du Ideen hast. Gerade weil du vielleicht schon Erfahrung mitbringst und zeigen könntest, wie es auf eine andere Art gehen könnte. Doch deine Idee wird ignoriert und gesagt, dass das nicht zu deren Kunden oder Prozessen passen würde. Vermutlich sagt auch einer: „Das machen wir so nicht, wir machen das schon immer auf diese Weise."

Im Laufe der Zeit lernst du deine Kollegen von der anderen Seite kennen, dass sie selbst nicht mehr die Motivation mitbringen wie du am Anfang und sich damit abgefunden haben, wie es läuft und auch nichts Neues haben möchten. Zum einen, weil sie vielleicht wissen, dass neue Herangehensweisen von der Unternehmensführung nicht gewünscht sind, oder weil das Implementieren dieser neuen Idee so lang dauern würde, dass sie am Ende doch nicht zum Tragen käme, oder sie einfach mitbekommen, dass sie selbst aufgegeben haben, Neues für sich und ihr Umfeld zu geben, um noch bessere Ergebnisse zu erzielen, oder sie sich gar viel besser fühlen könnten, wenn sie einfacher an ihr persönliches Ziel kommen könnten.

So bekommst auch du vorgelebt, was möglich zu sein scheint und was eben nicht. Deine Idee, dein Feuer, dein Wille, dein Elan, etwas Neues für alle zu kreieren, verblasst und wird früher oder später von dir selbst vergessen oder aber du kündigst und probierst es bei einem anderen Arbeitgeber aus.

Ich möchte das hier abkürzen und ich glaube, dass ich das mittlerweile auch abkürzend beschreiben darf durch meine über zwei Jahrzehnte Berufserfahrung bei unterschiedlichen Unternehmen, in unterschiedlichen Branchen und Positionen, sodass ich sagen kann:

SOLANGE DU NICHT DER INHABER DES UNTERNEHMENS BIST ODER DAS UNTERNEHMEN SICH NICHT VON GRUND AUF VERÄNDERN MÖCHTE UND ERKANNT HAT, DASS ES KOMPLETT ANDERE WEGE GEHEN MUSS, UM BESTEHEN ZU BLEIBEN – UND SO JEMANDEN WIE DICH, MIT IDEEN, MUT, WILLEN BRAUCHEN – WIRD DAS BEI ALLEN ANDEREN UNTERNEHMEN GENAUSO EINTREFFEN WIE OBEN BESCHRIEBEN!

Was ist demnach die Konsequenz. Du stellst dich als Angestellter darauf ein, dass du nur einen begrenzten Zugriff auf deine Fähigkeiten benötigst, weil der andere Teil nicht gefordert ist und gibst deine 100 % Zeit, die du auf der Welt zur Verfügung hast, hinein, oder du findest einen Job als Festangestellter in einer Position, die 75 % deiner Fähigkeiten benötigt und gleichst den Rest mit etwas anderem aus, oder aber, du gehst deinem inneren Drang nach und kreierst mit deinen kompletten 100 % Fähigkeiten, Kapazitäten, Kenntnissen, Talenten, Willen, Mut, Ideenreichtum und baust eine Firma auf, die dich, deine Familie und dein gesamtes Umfeld ausfüllt.

Du brauchst keinen Ausgleich zur Arbeit, wenn dein Leben bereitsteht und du dafür belohnt wirst, weil dir deine

Kunden dafür Geld geben, da du ihnen mit deiner Expertise und deinem Einsatzwillen geholfen hast.

Den Ausgleich, den du als Angestellter hast, z. B. Sport ist kein Ausgleich, sondern das Füllen der Leere in dir, die du jedes Mal spürst, wenn irgendetwas in deinem Job passiert und du nur noch hoffst, dass gleich Feierabend ist. Alles was du tust, was dich nicht in dem, wer du bist, weiterbringt und dich zu deinem Leben führt, das du wirklich im Inneren spürst, haben zu wollen, bzw. weißt, dass du dieses Leben leben solltest, weil es deines ist, sind Zeitfüller.

Was ist für mich ein Zeitfüller? Zeitfüller sind Fernsehen, Kino, Diskotheken, Clubs, sich abends in der Bar zulaufen lassen, Promiskuität, Konsumkäufe, übermäßige Auszeiten oder Urlaube und sich mit Menschen unterhalten, die bereits tot sind. Die ihr Ich an der Garderobe des Clubs abgegeben haben und sich an den Problemen der anderen ergötzen, obwohl sie selbst nichts erreicht haben, sowie mit den Menschen, die alles haben, aber vergessen, an andere zurückzugeben und diesen Menschen helfen, groß zu werden. Denn aller Reichtum hilft dir nichts. Er dient dazu, dir und deiner Familie, deinem Umfeld und den Menschen, die ihn nicht haben, das Leben zu ermöglichen, das sie aus eigener Kraft nicht schaffen können oder dürfen. Das ist für mich wahre Größe. Wenn andere Menschen sich komplett in den Dienst einer höheren Sache stellen und dabei helfen, dass das Umfeld wächst. Denn wie bereits gesagt, wenn die anderen wachsen, wächst du automatisch mit.

Doch dies haben nur wenige Menschen für sich verstanden. Deshalb halten sie sich an Dingen fest, die in unserer Gesellschaft einen vermeintlichen Status bieten. Dies sind in Wirklichkeit Gegenstände, die zerbrechen und kaputt gehen, anstatt eine Beziehung zu Menschen aufzubauen, die ewig andauern und mehr Wert stiften kann, als du dies je mit Geld kaufen oder aufwiegen könntest.

Bei mir lag das teilweise einfach daran, dass ich für mich keinen wirklichen Plan hatte. Ich wusste nur, was andere von mir erwarteten, wer ich glaubte zu sein und was NUR ich kann. Das waren für mich damals 100 % und ich dachte, das ist alles, um ein erfolgreiches und glückliches Leben aufzubauen. Ich dachte damals, dass ich dafür das brauche, was die anderen haben. Heute weiß ich, dass mich ganz andere Dinge glücklich machen und ich andere Dinge benötige, um erfolgreich zu sein. Doch was ich wirklich verstanden habe, ist, dass ich das alles bereits bin, wenn ich mir erlaube, diese Gefühle zu fühlen, und mich nicht dabei ertappen muss, dass ich hinter irgendetwas herrenne und dabei nicht mehr auf mich höre. Damals, mit 21, hatte ich versucht, ein riesiges Event zu veranstalten. Da sollten die alten Musikgruppen auftreten. Wie bei THE DOME. Ich hatte bereits alle Nummern der damaligen Manager für die jeweiligen Gruppen und DJs sowie eine Anfrage in der Jahrhunderthalle in Höchst laufen gehabt. Ich war im Flow. Ich wusste, dass ich das hinbekommen kann, weil ich ja zuvor ein Benefizkonzert veranstaltet hatte. Dort hatte ich es ebenfalls geschafft, die wichtigsten lokalen und überregionalen Zeitungen dazu zu bekommen, dass sie

darüber berichteten. Selbst HIT Radio FFH hatte dazu einen kleinen Spot laufen. Zu dieser Zeit war ich ausschließlich damit beschäftigt, das Konzert zum Laufen zu bringen. Ich hatte Poster gestaltet und zum Druck gegeben. Dann haben wir Holztafeln bei einer Schreinerwerkstatt organisiert und daraus Aufsteller gebaut. Wir klebten die Plakate auf das Holz und verteilten sie in einer Nacht- und Nebelaktion in den Städten an den Laternen. Zuvor hatten wir uns die Erlaubnis der Städte geholt. Licht und Tontechnik hatten wir organisiert. Zwei Partnerbands mit ins Boot geholt. Selbst eine Tickethotline hatten wir. Die gesamte Vorbereitung lief ein ¾ Jahr. Es kamen knapp 200 Menschen zu dem Konzert. Wir hatten die beste Presse. Doch was am Schönsten war: Wir hatten über 1.000 Euro zusammenbekommen, die wir spendeten. Wir spielten für einen Jungen, der durch einen Unfall einen Hirnschaden davongetragen hatte. Dies passierte in der Schule in der Freistunde und die Schulversicherung und die Versicherung des Jungen hatten Monate lang gestritten, wer nun eigentlich dafür aufkommen musste. Heute lebt er mit seiner Familie in einem barrierefreien Haus.
Das war ein voller Erfolg. Ich war zufrieden und glücklich.

Anders mit dem Music-Festival. Es schien irgendwas in mir zu geben, das mich darin hindern sollte, voll Gas zu geben. Der Elan blieb an dem Punkt aus, als ich keinen Sponsor fand, der diese Musikaktion hätte bezahlen können und wollen. Ich selbst habe gespürt, dass das evtl. auch nicht das Richtige ist. Heute weiß ich, dass ich nur Dinge angehe und umsetze, von denen ich zu 100 % überzeugt bin. Das bedeutet für mich gleichermaßen, dass andere etwas davon haben müssen, sonst ergibt es für mich keinen Sinn. Alle Bemühungen, die ich im Laufe meines Lebens hatte, sind mir einfach und leicht von der Hand gegangen, wenn andere den wesentlichen Teil des Ergebnisses abbekommen haben. Erst dann hat dies auch mir den Sinn gegeben. Nur dadurch fühlte ich mich erst gut und hatte Spaß und Freude daran, die Dinge zu tun. Vielleicht kennst du das Gefühl, den Sinn in etwas sehen zu müssen, damit du damit startest?

Dennoch war schon damals der Druck von außen da. Was ich damit meine, ist, dass die Menschen, die bereits ein bis zwei Jahre oder länger im Berufsleben waren, oftmals Anzeichen dafür zeigten, dass sie an ihren Tätigkeiten kein Interesse haben. Sie versprühten keinen Spaß, sondern waren einfach irgendwie zwar da, aber innerlich leer und doch wieder nicht anwesend. Dadurch, dass ich Menschen fühlen kann, fiel mir dies immer recht schnell auf. Es ist nicht von Vorteil, wenn du alles in deinem Umfeld spürst und du noch keine Methoden kennst, diese negative Energie von dir abzuwenden. Aus diesem Grund sind viele von diesen Energien bei mir steckengeblieben und haben mich auf die eine oder andere Weise beeinflusst. Kennst du das, wenn andere Menschen dich als Energietankstelle nutzen?

Diese Umstände wurden meine Realität. Wenn das denn allen so geht, dann ist das doch wahr, oder? Damals glaubte ich das. Aus diesem Grund hörte ich damals auf, an mich zu glauben und an meine Fähigkeiten, da die Dinge nicht funktionieren konnten. Wenn andere das nicht konnten und noch nicht gemacht hatten, weil sie glaubten, dass sie nicht die sind, die es umsetzen können, dann konnte das einer bestimmt auch nicht. Ich! Was machst du denn dann, wenn du glaubst, dass du es nicht kannst? Dann machst du das, was die anderen machen. Das geht bis zu dem Punkt, an dem du anfängst, nur noch die Meinung der anderen anzunehmen. Und am Ende wird es dann dazu gekommen sein, dass du deren Verhalten und Lebensweise annimmst. So war es bei mir.

Ich wusste damals dann nichts mehr. Abi nachholen oder nicht? Ausbildung, aber welche? Es gab viele Möglichkeiten. Ich machte dann das nach, was die anderen machten und ging in Bereiche hinein, von denen ich überhaupt keine Ahnung hatte, geschweige denn Interesse. Fachabitur in Elektrotechnik. Ähem ..., das machte ich, weil ein Freund von mir das werden wollte, da sein Stiefvater es war und sie dann irgendwann gemeinsam eine Firma aufmachen wollten. Er erzählte dies mit solch einer Überzeugung, dass mir das auf einmal auch gefiel. Schon bald wusste ich, dass mir einfach nur seine Geschichte dazu gefallen hatte. Denn ich schaffte natürlich das Fachabitur nicht. Ich sah darin einfach keinen Sinn und keine Logik, sodass ich im Prinzip einfach nur anwesend war. Das spiegelte sich in den Noten wider. Die beste war eine Vier und nach dem ersten Halbjahr wusste ich, dass ich das nicht mehr weitermachen wollte.
Was in dieser Zeit allerdings das Schöne wahr ist, neben der Tatsache, dass ich feststellte, was ich nicht will, dass zum Fachabitur-Theorieteil auch ein praktischer Teil gehörte. Hierzu war ich im heutigen Industriepark Höchst gewesen.

Dort lernte ich verschiedene Unternehmen kennen. Ich wurde einem Elektrotechniker-Team zugeordnet, in einem pharmazeutischen Labor für Pestizide eingeteilt und sollte ihnen bei der Arbeit helfen. Es ging darum, die Verkabelungen der Räume neu zu ziehen oder Geräte zu reparieren oder gar eine Blumentopfanlage in einen anderen Raum umzuziehen. Ein Haufen Kabel und ich quasi den ersten Tag dort. Es war gleich eine Herausforderung für mich, die ich voller Enthusiasmus anging. Am Ende mussten die zwei Elektrotechniker nochmals drüber schauen und dann wieder korrekt zusammenstecken.

Warum erzähle ich diese Geschichte? Uns bleiben meist die negativen Situationen im Gedächtnis, die auch als Erstes hervorkommen. Im Laufe der Zeit habe ich mich darauf konditioniert, dass ich jeden Tag übe, die positiven Momente in mein Leben zurückzuholen, die mir Freude bereitet haben. Heute weiß ich, dass nicht alles schlimm und unangenehm war, und es nicht nur Menschen gibt, die dich und deine Herkunft nicht akzeptieren, sondern sehr wohl Menschen existieren, die dich stärken und dir Herausforderungen geben, mit der Intention, dass du daran wachsen sollst. Das Schöne an deinem und an dem Leben eines jeden Menschen, ist, dass alles im Leben immer zwei Seiten hat. Fragt sich, welcher Seite schenkst du mehr Beachtung und vor allem, warum?

Wenn du dir dein Leben anschaust, entdeckst du jede Menge Chancen und Möglichkeiten, selbst in scheinbar ausweglosen Situationen. Wenn du dir das vor Augen hältst, dann gibt es immer die Möglichkeit, dich für deine positive Zukunft zu entscheiden.

Natürlich ist das oft nicht ganz einfach. Doch du bist jetzt hier. In diesem Moment liest du diesen Satz. Vor einem Jahr hast du das noch nicht getan und möglicherweise ist an demselben Tag etwas Schlimmes in deinem Leben passiert. Doch heute liest oder hörst du dieses Buch.
Ich will damit sagen, dass es am Ende eines Moments, einer Situation, weitergeht. Du gibst all dem hier die Bedeutung und bewertest diese anhand deiner Einstellung, die aus deiner Vergangenheit entstanden ist.

Wie kann dir diese Vergangenheit behilflich sein? Wenn du dir nun die Zeit nimmst und die Vergangenheit reflektierst, dich nochmals im Geiste in den Momenten und Situationen umsiehst und dir überlegst, was dich damals zu dieser Entscheidung getrieben hat, dann wirst du ein Muster erkennen. Und dieses Muster hat dich dorthin gebracht, wo du heute stehst.

Wir alle haben Muster. Muster sind automatische Abläufe unseres Verhaltens und Denkens, die unterbewusst abgespielt werden, wenn wir in die unterschiedlichen Situationen kommen. Der Kopf hat sich Muster abgespeichert, die uns vor Unheil und Schmerz bewahren sollen. Unser Kopf ist unser Bodyguard. Sein Fokus ist es, uns ständig beschützen zu wollen und das in jedem Augenblick unseres Lebens.

Bring dir Wissen bei.

Du als Mensch, der zwei Nationalitäten in sich trägt, adoptiert ist und/ oder du als Mensch, der hier aufgewachsen ist, aber das Gefühl hat, dass er irgendwie anders ist, hat den Gedanken, dass irgendwie nicht alles so funktioniert, wie du es dir vorgestellt hast. Du hast doch alles gemacht, was andere gesagt haben. Du hast die Ausbildung gemacht, die deine Eltern von dir erwartet haben, oder die die deine Freunde absolviert haben. Du hast studiert, so wie es sich in dieser Gesellschaft gehört. Du hast dich Gruppen angeschlossen und dich dazu gebracht, das Verhalten anzunehmen, um dazuzugehören. Deine Gedanken drehen sich nur noch darum, dass du eines Tages dein Traumleben leben kannst, wenn du alles machst, was andere sagen und du benötigst, um an die Erfüllung deiner Träume zu kommen. Also machst du weiter. Zu Hause bist du dabei, deinen Kindern ein guter Vater zu sein. Du versuchst, die Zeit, die dir am Tag übrigbleibt, bestmöglich zu nutzen. Vor allem versuchst du stressbefreit die Ideen deiner Kinder umzusetzen. Deine Ehepartnerin möchte dich ebenfalls am Abend für sich haben und mit dir die Zeit teilen. Unter der Woche nimmst du dir die Zeit, noch abends zu deiner Sportgruppe zu gehen, um ein Teil der Gesellschaft zu sein und dir einen Ausgleich zum Lebensalltag zu schaffen. Kennst du auch solche engen Konstrukte, in denen die eigene Freiheit ein Fremdwort darstellt?

Wenn also dein Leben daraus besteht, dass andere Menschen, dein Umfeld auf dich einwirken und dich zu dem machst, was du heute bist, dann kannst du selbst etwas dafür tun, so zu sein, wie du sein möchtest. Den Wünschen damals als Kind oder Jugendlicher endlich entgegenzugehen. In der Zeit als Vertriebler dachte ich, dass ich mehr von außen benötige, um besser anzukommen. Ich wollte mir mehr Wissen, einen besonderen Abschluss holen, um nach außen mehr zeigen zu können. Ich dachte, dass ein Studium gut ankäme, auch bei meinen Kunden. Aber das war am Ende nicht so. Was es mir gebracht hat, ist, dass ich jeden Monat 120 Euro zahlte, nach der Arbeit dreimal die Woche zur Uni lief und bis 21 Uhr dort saß. In dieser Zeit habe ich geheiratet. Kurze Zeit später haben wir unsere erste Tochter, Penelope, bekommen. Doch ich schaute eher ins Leere. In der Zeit, in der sich meine Frau um unsere Tochter gekümmert, sie gefüttert und ins Bett gebracht hat, war ich in der Uni und habe für einen Abschluss gebüffelt in der Hoffnung, dass andere diese Leistung anerkennen und sich schneller mit mir auf einer Ebene unterhalten.

Glaubst du auch, dass die Dinge im Außen, dir das bringen, was du erhoffst?

Doch das war nicht so. Ich war in meinem Job nicht schlecht, doch ich hatte den Anspruch an mich, auch heute noch, alles zu 110 % zu machen. Denn das bin ich gewöhnt und das macht mich dann auch erst glücklich. Dieses Verhalten habe ich mir angeeignet, um „mitspielen" zu können. Doch ich bin nicht wirklich eine Maschine, die einfach dieses Pensum ohne Blessuren übersteht. In dieser Zeit habe ich mir wirklich noch mehr Input gewünscht. In Managermagazinen habe ich mir die Werbung angeschaut. Auf diesen Werbeanzeigen wurden Seminare beworben. Das interessierte mich sehr. Doch leider waren diese Seminare sehr teuer und in St. Gallen. Von St. Gallen habe ich von einem meiner engsten Freunde gehört. Er selbst hat dort studiert. Daher dachte ich damals, dass diese Seminare das Wissen der Welt vereint. Wenn ich dieses Wissen hätte, wäre ich unschlagbar und würde noch mehr Umsatz machen können, was mir mehr Provision bringen würde, die ich dann für meine Familie einsetzen könnte. Da das Geld dafür nicht da war und meine Arbeitgeber diese Seminare nicht zahlten, machte ich eben so weiter, wie ich es für richtig hielt. Diese Zeit war rückblickend absoluter Wahnsinn. Ich ging Vollzeit arbeiten, hatte ein Abendstudium begonnen und gründete eine Familie. Natürlich war ich noch im Handballverein aktiv und am Wochenende unterwegs. Was ich an Zeit habe liegen lassen. Klar, die Erfahrung kann mir keiner mehr nehmen und das Wissen, dass ich mir dort angeeignet habe. Doch es war die Zeit, die ich geopfert habe, um anderen zu gefallen, um das zu bekommen, was ich für mich und meine Familie wollte. Was mir damals gefehlt hatte, war im Grunde meine Vision, mein Warum, meine ZDE (Bücher von John Streleky, z. B. BigFiveForLive), meinen Zweck der Existenz. Ich habe etwas als Ziel definiert, das nicht mein Ziel war, sondern eine Wunschvorstellung der Gesellschaft, die ich erfüllen wollte, ohne auf meine innere Haltung und meine Bedürfnisse zu achten. Das hatte später massive Folgen. Immense gesundheitliche Folgen. Ich kann dir sagen, dass all das, was du nicht machst, obwohl alles in dir schreit, es doch haben oder tun zu wollen, wirst du zurückbekommen. Dies ist nichts Spirituelles, sondern Biochemie – meine These. Die Stresshormone im Körper (die findest du bei Google) sind bei Nutzung ein Cocktail, der deinen Körper in einen Zustand bringt, um z. B. Höchstleistung geben zu können. Dieser Cocktail an Hormonen wird bei Nutzung abgebaut. Nutzung bedeutet vielleicht, irgendetwas Sportliches zu machen. Dem Gehirn ist es völlig egal, ob du wirklich Sport treibst, oder eben nicht. Es reagiert nur auf das, was du wahrnimmst und unternimmst. Das bedeutet, wenn du also den Impuls gibst, indem du darüber nachdenkst, was du machen willst, z. B. Sport, und dich vielleicht noch emotional darin verlierst, glaubt dein Gehirn, dass etwas getan werden muss. Also gibt das Gehirn Botenstoffe ab, Hormone werden gebildet und ausgeschüttet. Wenn du jetzt aber untätig bleibst, weiß der Cocktail nicht, wie er genutzt werden soll. Und wie es bei so einem hochprozentigen Mai-Tai-Cocktail ist, stellt er Dinge mit deinen Rezeptoren an. Du wirst möglicherweise etwas lustig und kannst Dinge nicht mehr so schnell wahrnehmen. Aber wirklich blöd ist die Tatsache, dass dieses „Gift“ in deinem Körper Schaden anrichten kann. Dadurch, dass du das nicht nur einmal am Tag machst, sondern vielleicht ständig, ist dein Körper ohne Unterlass diesem Cocktail ausgesetzt. Er kann ihn nicht mehr so schnell abbauen und sucht sich seine Wege, um ihn loszuwerden. Eine Art ist, das Ganze über die Haut auszutragen. Das gibt dann Ekzeme und Rötungen, die jucken. Auch noch an Körperstellen, an die du nie gedacht hättest.

Kennst du ebenfalls diese Momente, in dem dein Körper dir irgendetwas sagen möchte, aber du die Signale nicht verstehst, oder verstehen willst?

Wenn du also ständig husselst und trotzdem nicht glücklich bist, tust du möglicherweise etwas, was dir keinen Spaß und keine Freude bringt und du nicht auf deine innere Stimme hörst. Dein Schubladendenker. Dein Ego. Eines kann ich dir versichern: Noch mehr arbeiten ist keine Lösung. Noch ein Projekt, noch eine extra Aufgabe in der Hoffnung, sie zum Ziel zu bringen und dann zu hoffen, glücklich zu sein. Doch die Freude hielt dann maximal einen Tag an.
Eines Tages kam ein Freund auf mich zu und hat mir einen Link eines Sales-Trainer-Webinars zugeschickt. Ich fand das zu diesem Zeitpunkt das Beste, was mir passieren konnte. Endlich ein Seminar, wenn auch nur online, in dem mir gezeigt wird, wie ich mit dem Kunden sprechen muss, damit dieser noch mehr bei mir kaufen kann. Wir waren beide sehr aufgeregt und haben uns sogar während des Webinars gegenseitig angerufen. Der Trainer war wirklich gut und was er gesagt hat, hat so viel Sinn ergeben, dass wir beide nach dem Webinar das Live-Seminar gekauft haben. Der Trainer hatte das für einen super Preis angeboten, den ich nicht ausschlagen konnte. 67 Euro haben wir für einen gesamten Tag bezahlt. Ein Seminar, wie ich es mir immer gewünscht hatte. Ein internationaler Profi, der von dem besten Trainer der Welt ausgebildet wurde und mir nun zeigt, wie ich noch besser verkaufen kann. Wir haben uns nach dem Webinar gefreut und fast schon beglückwünscht, dass wir das Ticket gekauft haben. Wir beschlossen, zusammen dorthin zu

fahren. Es war ein aufregender Morgen. Wir fuhren zusammen zum Veranstaltungsort und kamen pünktlich in der Lokation an. Das Seminar war im Kölner Raum, also auch von uns 140 km entfernt. Das war für mich damals weit weg, um sich irgendwie freiwillig an einem Wochenende in einen Seminarraum zu setzen. Aber wir haben es getan. Angekommen am Ort des Geschehens warteten bereits mehrere Menschen auf den Beginn der Veranstaltung im Foyer des Hotels und vor der Tür des Hotels. Es waren verschiedene Registrierungstische vorhanden, an denen Verkäufer standen, die meine Anwesenheit kontrollierten. Ich bekam ein Namensschild und ein Workbook in die Hand. Warten, hieß es, es sollte bald losgehen. Wir gingen dann wieder nach draußen, um noch ein wenig Luft zu schnappen, bevor es in den Seminarraum gehen sollte. Plötzlich kam ein aufgemotzter Schlitten an und parkte dort, wo man nicht parken durfte. Es stieg ein durchtrainierter Mann mit schwarzen, nach hinten gegelten Haaren, Sonnenbrille, roten Schuhen und rotem Jackett aus und ging ebenfalls ins Hotel. In diesem Moment drehte ich mich zu meinem Freund und sagte ihm: „Bitte erinnere mich daran, dass ich zu solch einem Seminar nie wieder gehen werde!“ Tja, was soll ich sagen? Ohne dieses Seminar damals würde dieses Buch heute nicht geschrieben sein. Ich bin mit Vorurteilen in das Seminar gegangen. Dies ist eine Motivationsveranstaltung, Chaka Veranstaltung, mit merkwürdigen Personen, vor denen ich, rückblickend, sagen kann, Angst hatte.

Kennst du die Momente, wenn du das Gefühl hast, aus der Masse herauszustechen?

Angst, bewertet und bemustert zu werden, wie ich es eben tat. Ohne dieses eine Seminar wäre das, was danach noch kam und mich dazu gebracht hat, ich selbst zu werden, nie passiert. Denn am Ende folgten zahlreiche Seminare, Zertifizierungen und Weiterbildungen. Ich fing an zu lesen. Früher bin ich bereits nach der ersten Seite sofort eingeschlafen. Heute lese ich gern Bücher, die mit Persönlichkeitsentwicklung zu tun haben. Bücher, die tief gehen und den Sinn des Lebens aufzeigen. Ich kann sagen, dass Menschen in mein Leben gekommen sind und ich mich daraufhin gefragt habe, weshalb diese Menschen gerade jetzt in mein Leben kommen und was sie mir sagen sollen. Angefangen mit meiner leiblichen Mutter. Die mich nicht einfach abgegeben hat, sondern mir vielmehr mir die Chance eröffnet hat, ein besseres Leben zu leben, als das, was ich in Brasilien mit ihr gehabt hätte. Adoptiveltern, die für mich wie meine leiblichen Eltern sind, die sich entschieden haben, einem Menschen, mit meinem Bruder zwei Menschen, ein Leben zu geben, das sie möglicherweise so nie gehabt hätten. Einen Lehrer, der immer an mich geglaubt hat, auch als ich von vielen zu einem lernbehinderten Menschen degradiert wurde. Einer Tanzschullehrerin, die in mir Größeres sah und mich direkt nach den ersten Tanzschultagen in die Lateinformation holte. Ein Trainer, der mir seine Mannschaft als Spielführer anvertraute und wir beinahe jeden Meistertitel holten und jedes Turnier gewannen. Meine Beziehungen, die mich verlassen haben und ich jedes Mal danach persönlich gewachsen bin. Ein Regionalleiter, der mir zeigte, dass das Leben auch seine Schattenseiten hat und ich mich durchbeißen muss, um das zu bekommen, was ich will. Er zeigte mir dadurch, dass ich nie so sein möchte wie er, und er mich damit zu dem Menschen gemacht hat, der ich heute bin und vielen Menschen zeige, wie sie es anders machen können. Eine angeheiratete Familie, die oftmals nicht der gleichen Meinung sind. Aber dennoch, wenn es hart auf hart kommt, sind sie füreinander da. Die Welt ist bilateral. Es gibt alles zweimal. Da wo Böses ist, ist auch Gutes. Denn würde es das eine nicht mehr geben, wäre die Existenzgrundlage für das andere hinfällig.

Als ich also das Seminar dieses Trainers besuchte, kam es zu einem Showdown am Ende seines Seminars. Meine Verkaufsberaterin (Marina Friess - Inhaberin und Gründerin des in Europa größten Kongress für Frauen – FEMINESS) brachte den Stein ins Rollen. Wir hatten uns an diesem Seminartag das allererste Mal näher kennengelernt. Wir saßen gemeinsam am Esstisch und sprachen über sie und ihren Job und Unternehmertum. Sie war bereits seit vielen Jahren in der Selbstständigkeit und parallel Verkaufsberaterin bei ihm. Sie baute sich nebenbei einen der größten Kongresse ausschließlich für Frauen auf. Heute ist sie bekannt aus Funk und Fernsehen. Sie hatte mein Vertrauen schnell gewonnen und ich nutzte die Gunst der Stunde. Den gesamten Tag lang ging es in dem Seminar darum, wie ich als Verkaufspersönlichkeit beim Kunden wirke. Wie ich selbst auftrete und dass ich selbst dafür verantwortlich bin, ob es zu einem Abschluss kommt oder eben nicht. Es ging tief. Es ging nicht nur darum, Sprachmuster und Texte zu lernen, die den Kunden dazu

bringt, dass zu tun, was du von ihm willst. Sondern es ging sehr tief in die eigene Persönlichkeit hinein. Wie diese entstanden ist und warum ich so agiere, reagiere und tue, was ich tue. Dies hat mich sehr nachdenklich gemacht. Es kam sofort der Gedanke hoch, der schon immer da war. Den ich in den Jahren zuvor zugeschüttet habe. Ich habe dieses Gefühl, nicht gut genug zu sein und dass ich verlassen wurde, mit Fakten und sonstigen Ausreden zugeschüttet. Ich habe mir Glaubenssätze konstruiert, die mich in meinem Handeln und Sein limitiert haben. Das erste Mal in meinem Leben hat mir mal einer die Wahrheit darüber gesagt, dass ich selbst der Gestalter meines Lebens bin und nicht irgendein anderer. Mein ganzes Leben habe ich darauf gebaut, was meine Eltern für mich vorbereitet hatten. Seitdem ich in Deutschland bin, war ich wie abgeschaltet. Ich habe mein Leben in die Hand der anderen gelegt. So glaubte ich eben alles, was die anderen sagten, dass ich eine Zertifizierung brauche, eine Ausbildung, ein Studium usw. benötige, um anerkannt zu werden. Doch da kam ein Trainer, der sagte, das was ich im Leben erreiche oder eben nicht erreiche, allein daran hängt, ob ich bereit bin, alles dafür zu tun, dass ich es bekomme, indem ich einfach anfange, so zu sein wie ich wirklich bin. Sein Satz: Ich kann dir so viele Techniken beibringen wie du willst! Es bringt nur nichts, wenn du nicht anfängst, an dir zu arbeiten.
Das brachte meine gesamte Weltanschauung durcheinander – ach was, mein Leben zerbrach. Die große Blase, die ich mit aufgeblasen hatte, zerplatze von jetzt auf gleich.

So stand ich da also, am Ende des Seminars dem Trainer Auge in Auge gegenüber. Er blickte an mir vorbei und sah meine Verkaufsberaterin und rief zu ihr rüber, ob ich denn schon zum NLP-Practitoner angemeldet wäre. „Nein“, rief sie rief nur zurück. Kurze Zeit später merkte ich, wie eine Hand rechts an meinem Kopf entlangkam, mit einem Anmeldebogen. Diese Szene werde ich nie wieder vergessen. Ich weiß nicht, ob du die Szene aus dem Film Matrix kennst, in der Neo die beiden Pillen angeboten werden. Die eine, um in der Matrix zu bleiben und die andere, um sie zu verlassen.

Kennst du Situationen, in der du eine Entscheidung treffen musst, und du weißt, dass diese einiges in deinem Leben verändert wird?

Danach änderte sich mein Leben um 180 Grad. Ich bin unglaublich dankbar dafür, gezeigt bekommen zu haben, wie wir Menschen tagtäglich von unserem Umfeld manipuliert werden. Damit meine ich, wie wir uns Dinge, Träume und Wünsche ausreden lassen. Lange haben wir uns darüber gefreut, das zu tun oder zu unternehmen und erzählen es einem anderen Menschen, und dieser macht es innerhalb weniger Sekunden kaputt. Was ich gelernt habe, ist, dass nicht derjenige daran schuld ist, dass dein Traum zerstört ist, sondern du selbst, weil du dem Menschen mehr vertraust und glaubst als dir selbst. Eine weitere gelernte Lektion ist die, dass wenn ich einen Rat brauche, die Menschen frage, die schon dort sind, wo ich gerne hinmöchte, und sie frage, ob meine Idee für den Weg eine gute ist, oder ob sie eine andere Idee hätten. Dies ist eine Situation, die veredelt und nicht zerstört.

Wenn du die Reise mit deiner Persönlichkeit startest, wird diese Reise nie zu Ende sein. Diese Reise hat kein Ende, denn du wirst dich immer wieder neu entdecken. Denn es ist alles in Fülle da. Du kannst für dich alles erreichen, solang du es sehen kannst. Viele Menschen sehen für sich nichts mehr, weil sie es verlernt haben, auf sich selbst zu hören. Sie haben die Verantwortung an eine App gegeben oder an eine andere Person. Sie führen nur noch aus, da sie glauben, dass dies der Grund ist, damit sie sein dürfen.

Jeder von uns darf sein. Jeder von uns hat das Recht auf Sein. Auf das eigene Sein!

Wie viele Momente in deinem Leben sind vergangen, an denen du dich entschieden hast, nicht den Weg deines inneren Rufs zu gehen? Ich glaube, dass sobald du diesen hörst, eine Verantwortung entsteht, zu sich selbst zu stehen und diesen anzugehen.

Aus demselben Grund erhebe ich meine Stimme für Menschen, die ihre Stimme nicht erheben dürfen oder können. Für Menschen, die einfach nur sein wollen. Für Menschen, die sich innerlich zerrissen, verlassen und aufgegeben haben. Für Menschen, die sich selbst verleugnen, ihre Herkunft und Ihre Sprache, weil sie glauben, dass wenn sie so sind wie die anderen, die Erlaubnis haben, zu sein.

Der rote Faden deines Lebens

Was hast du erlebt?

Warum hast du es erlebt?

Was lernst du daraus?

Was dich zu dem macht, der du wirklich bist

In den letzten Jahren habe ich enorm viel über mich selbst und dadurch auch über den Menschen gelernt. In diesem Kapitel möchte ich dich über die Techniken und Methoden informieren, die mir geholfen haben, meinen Schubladendenker, mein Ego und meine Weltanschauung zu verändern und ich damit beruflich sowie privat noch erfolgreicher wurde als die 30 Jahre zuvor. Ich glaube fest daran, dass du das auch kannst. Denn wenn du ein paar wenige Dinge in dein Leben bringst, beachtest und für dich verstehst, wirst du erkennen, wer du sein kannst und sein wirst, wenn du dich in deinem Prozess zulässt. Wie schon geschrieben, wenn du dich für die Pille entscheidest, die dich aus der Matrix bringt, wirst du dich in deinen eigenen Prozess der Veränderung begeben, der niemals mehr enden wird. Du kannst der Mensch werden, der du immer sein wolltest. Du kannst das erreichen, was du dir immer gewünscht hast zu erreichen.

Kennst du die Tage, an denen du über dein Leben sinnierst und tief im Inneren weißt, dass mehr in dir ist, als du im Außen zeigst?

Du wirst Menschen führen. Du wirst deine Vision finden, deiner Mission folgen und deine Ziele definieren und erreichen.
Warum? Weil du bereits daran denkst! Zu hoffen, dass ein anderer es macht, wie die Persönlichkeiten der

Vergangenheit – Martin L. King, um nur einen zu nennen, werden Menschen für dich Entscheidungen treffen, deren Ergebnis der Wahlen zu sehen sind.

Du wirst andere Menschen inspirieren und helfen, das Gleiche zu tun. Du wirst deinem Umfeld, deiner Familie das Leben ermöglichen, das du dir für die Menschen immer gewünscht hast. Du wirst für dich erkennen, dass das, was du dann machst, schon immer in dir gewesen ist und nun endlich raus darf. Du wirst wohlmöglich fitter und gesünder werden. Du wirst weniger Schmerzen und Beschwerden haben. Wenn du endlich das Gehör gefunden hast, um dich selbst zu hören und das, was du tief im Inneren möchtest. Das wird dich befreien. Es wird dir die Sicherheit, die Struktur, die Kraft und Energie geben, die du glaubtest, für immer verloren zu haben.

1.

In den Seminaren habe ich gelernt, was Glaubenssätze sind. Es gibt limitierende Glaubenssätze und stärkende Glaubenssätze. Ich habe gelernt, dass so wie du die Welt siehst, sie in Wirklichkeit nicht existiert. Die Wirklichkeit in diesem Kontext ist auch nicht die Wirklichkeit, denn sie liegt im Auge des Betrachters. Es liegt an der Art der Perspektive. Dies hatte ich in einem der vorherigen Kapitel bereits beschrieben. Der erste Grundsatz im NLP lautet demnach: Die Landkarte ist nicht das Gebiet. Das heißt, dass jeder etwas anderes auf der Karte sieht und demnach dies nicht das Gebiet ist, sondern die Betrachtungsweise eines Einzelnen, wie er sie interpretiert.

Was siehst du, wenn du eine Situation betrachtest? Was könnte ein anderer über diese Situation denken und sagen? Diese Fragen helfen mir dabei, die verschiedenen Standpunkte der Menschen einzunehmen und zu schauen, was sie möglicherweise fühlen und was ihnen fehlt. Stelle dir einmal vor, du würdest deinen Gegenüber verstehen, wie sich dein Verhalten zukünftig entwickeln würde und deine Ergebnisse?

2.
Hast du dir schon einmal überlegt, was denn deine fünf wichtigsten Dinge im Leben sind? Die Dinge, die auf gar keinen Fall fehlen dürfen, damit du voll und ganz erfüllt bist? Ob im Job oder privat spielt dabei keine Rolle, denn du bist derselbe Mensch in beiden „Welten". Doch so, wie du in der einen agierst oder reagierst, wirst du das möglicherweise auch bei der anderen tun. Ein Satz, der mir gerade dazu einfällt, ist: „So wie du Kleines machst, so machst du auch Großes!" Das soll heißen, egal wie unwichtig dir etwas erscheint, es wird sich rausstellen wie du es erledigst, denn so wirst du möglicherweise auch die großen Dinge erledigen. Irgendwie ist da etwas Wahres dran, wenngleich ich behaupte, wenn noch mehr positive Emotionen bei dir in der Situation fließen, könntest du auch das Größere gut schaffen, auch wenn du das Kleine nicht ganz so zufriedenstellend erledigt hast. Dennoch stellt sich die Frage, ob du dir für etwas zu schade bist. Meiner Meinung nach lerne ich bei allen Dingen, die ich tue, für mich und mein Leben. Ich empfehle dir das Gleiche.

Make the Change

Mache den Change

Wie du aus deinem Leben Stärke ziehst

Notiere hier Deine Fähigkeiten, die Dinge aus den früheren Situationen entstanden sind. Fühle dich hinein und intensiviere die Emotion. Endkoppel die Emotion von der Situation und transferiere sie in dein heutiges Leben. Was reicht dir und wie wirst du dir anderen und deiner Vision nun gerecht?

Wie du dein inneres Ich wiederfindest

Spüre die Kraft, die gerade entsteht. Dein Willen etwas zu tun, die innere Bewegung in dir, die dich pusht, ist dein innere Ich, das mit dir spricht. Schreibe auf, was es zu dir sagt.

Wie du dein Leben anfängst zu leben

Höre auf dein inneres Ich und fühle komplett hinein. Schließe vielleicht die Augen und lass der inneren Stärke, Kraft, deinem inneren Ich die Chance, sich frei zu entfalten. Die Ideen, Visionen, die du vielleicht bekommst, pflastern deinen Weg und leiten dich. Schreibe auf, was du siehst, hörst, fühlst.

Du hast jetzt die Basis. Deine Basis. Du hast dich kennenglernt und verstanden, warum du so bist, wie du bist und dass es gut ist, wie es ist. Du hast dir und deinen Entscheidungen sowie anderen Menschen, die dir vermeidlich Unrecht getan haben, verziehen. Du selbst bist nun ein Stück gewachsen. Je mehr du über dich selbst herausfindest und herausfinden wirst, wird sich deine Zukunft genau darauf ausrichten, was du wirklich willst. Denn eines sei hier nochmals gesagt, dass du alles in dir hast. Dein Leben, wie es jetzt ist oder sein wird, bestimmst du in jeder Sekunde deines Lebens. Wenn jede Sekunde deine Zukunft, Gegenwart und Vergangenheit ist, dann weißt du jetzt, dass der Sinn darin liegt, das Hier und Jetzt in vollen Zügen zu leben.

Wie viele Menschen kennst du, die nur in der Vergangenheit oder Zukunft leben? Wie viel derer erfreuen sich an den kleinen Dingen im Leben, die gerade in dem Moment passieren?

Das bedeutet nicht, dass du dich entspannt zurücklehnen sollst und alles wird schon irgendwie passieren. Nein! Vielmehr soll dir das den Druck nehmen und dich motivieren, ständig auf Zack zu sein und nicht zu hadern. Denn du weißt, dass die Zeit tickt. Du weißt jetzt, dass du selbst die Entscheidung darüber fällst, ob du dich selbst runterziehst und als wertlos ansiehst oder eben deinen Weg gehst. Diversity ist dein Trumpf. Das Anderssein ist gewünscht. Du weißt nun auch, dass deine Energie am wichtigsten ist. Je mehr Energie du in dein Handeln legst und für andere zu 100 % und bedingungslos da bist, desto mehr spürt das dein Umfeld.

Du bist jetzt auf dem Weg in dein neues Leben. Du wirst jetzt die Dinge im Außen anders wahrnehmen und deuten können. Aber Vorsicht! Gerade am Anfang ist das sehr verlockend, jedoch auch gefährlich. Dein Umfeld wird möglicherweise komisch reagieren, wenn du nun voller Energie und Motivation bist. Denn sie selbst sind es nicht und sind es unter Umständen von dir auch nicht gewohnt. Alles, was ungewöhnlich ist, ist erst einmal gefährlich für die anderen.

Aus diesem Grund empfehle ich dir, sollte dich jemand ansprechen, was mit dir passiert ist, gib ihm den Link zu der Bestellseite, wo er sich dieses Buch bestellen kann. Denn ganz ehrlich, was willst du ihm denn sagen? „Du, ich bin mein Leben in Gedanken zurückgegangen und habe mich mit meiner lebensentscheidenden Situation im Leben versöhnt und jetzt beginne ich ein neues Leben?“ Ja, klar könntest du das sagen. Doch wahrscheinlich wird sich dein Gesprächspartner nur denken, dass du sie nicht mehr alle hast.
Für dich kommt dir das jetzt nach dem Buch vielleicht völlig normal vor und genau das ist das Spannende. Denn normal ist im Grunde alles. Die Frage ist nur, mit wem du darüber sprichst.

Die Menschen in deinem Umfeld sind wohlmöglich nicht alle sortenfrei. Aus diesem Grund werden sie auch mit diesem

Begriff erst einmal nicht viel anfangen können. Auch werden sie sich nicht als Schubladendenker zu erkennen geben, wobei manche mit Sicherheit stolz darauf sein werden. Selbst wenn du es ihnen erklären würdest, fehlt Ihnen die Sicht auf sich selbst. Da Menschen vielmehr nicht darauf achten, sich selbst zu reflektieren, wird es für sie schwer sein, allein durch das Erzählen auf diese Ebene zu kommen, dass sie deinen Worten folgen können.

Aus diesem Grund empfehle ich dir einfach, dein Ding jetzt durchzuziehen und dein Leben anzugehen, das die ganze Zeit schon auf dich gewartet hat.

Wie viele Minuten bist du bereit, anderen Menschen zu schenken, die es nicht wertschätzen können?

Wenn du dich dazu entschlossen hast, dich zu dem 1:1-Mentoring-Programm anzumelden und du der oder die Glückliche bist, einen Platz bekommen zu haben, freue ich mich darauf, dich persönlich kennenzulernen. Andernfalls freue ich mich darauf, dich in der Facebook-Gruppe „#sortenfrei – sei wie du bist“ zu treffen oder dich eben als Zuhörer bei den Podcasts „#sortenfrei – sei wie du bist“ begrüßen zu dürfen.

Eine Bitte habe ich noch an dich. Sei so gut und hilf mir, einen meiner BigFiveForLife zu erreichen. Du kannst mir helfen, diesen zu erreichen, indem du mir eine Bewertung zu diesem Buch abgibst. Denn dadurch erfahren noch viel mehr Menschen von diesem Buch und seinen Inhalten.

Dadurch helfe ich noch mehr Menschen, zu sich selbst zu finden und sie damit zu stärken, wodurch sie sich bereit fühlen, Entscheidung in ihrem Leben zu treffen, die sie glücklich und erfolgreich machen.

Als kleines Dankeschön erhältst du jetzt schon 25 % Rabatt auf alle Seminare, Vorträge und Produkte (außer dem Buch - Preisbindungsgesetzt) im Shop mit dem Code: sortenfreibook25

Werde Sortenfrei-Member und genieße die Vorzüge wöchentlicher Live-Sessions über Zoom, bei denen ich dir immer neue Impulse, Anregungen und Ideen gebe, wie du weiter kommst in deinem Leben.

Lass uns gemeinsam dein Leben angehen, sodass du unabhängig von deinem jetzigen Umfeld wirst.

Ich freue mich auf dich.

Doch jetzt geht es in die Umsetzung. Auf den folgenden Seiten wirst du das, was du bereits jetzt schon erarbeitet hast, zusammenbringen und dir selbst einen Plan erstellen, der dich dazu bringt, dass du direkt mit der Umsetzung anfangen kannst.

Jetzt geht es los!

Du gehörst nicht zu den Menschen, die nichts ändern wollen, sonst hättest du nicht bis hierhin gelesen. Deshalb weiß ich, dass du zu denen gehörst, die auch ihre Dinge zu Ende bringen. Deshalb! Worauf wartest du noch. Leg los.

Transformationsplan

In diesem Kapitel geht es um deine Transformation. Die Transformation vom schubladendenkenden Menschen zum SORTENFREIen Menschen ist ein Prozess, der so lang andauert, wie du dir Zeit gibst, dich deinem alten/neuen ICH zu öffnen und es letztlich anzunehmen.

Die Arbeiten an deiner Vergangenheit, an dir, an der Reflektion deines heutigen Ichs, führen schon jetzt dazu, dass etwas in dir arbeitet und anfängt zu verstehen oder aber derzeit ein Durcheinander herrscht.

Wenn das Letztere der Fall ist, dann darf ich dich beruhigen, denn das ist völlig normal. Vielen Menschen und dazu gehöre auch ich, sind erst einmal von der Flut an Emotionen und Informationen erschlagen. Denn das war bis heute nicht in deiner Welt abgebildet.

Alles, was du bis heute wusstest, hast du aus der Vergangenheit ins Hier und Jetzt gebracht. Du dachtest bis vor kurzem möglicherweise noch, dass es nur die eine Ansicht auf die Welt gibt und hast dich gewundert, wie andere eine andere Sicht haben können. Allein, dass du dir diese oder andere Fragen stellst, zeigt, dass es bereits bei dir arbeitet und der Prozess angestoßen wurde.

Versuche nicht, dagegen zugehen, sondern „go with the Flow“, wie Daniel Aminati sagen würde (in der 3. Podcast-

Folge gibt es dazu mehr Informationen), oder wie Tobias Beck sagen würde: „Trust the Process.“
Damit soll gesagt sein, dass sobald du dich öffnest und für Neues offen bist, werden dir Antworten gegeben und diese zum passenden Zeitpunkt.

Was du auf den kommenden Seiten machen wirst, ist dir einen Plan zusammenzustellen, der dir aufzeigt, was du als Erstes tun solltest und vor allem wie und warum.

Dies gibt dir Sicherheit und du kannst dich voll und ganz dem Zukünftigen hingeben. Denn das, was kommen wird, wird dein neues Leben sein, das bereits jetzt angefangen hat.

Es gibt einen Milestone, bei dem du dich aufhalten wirst. Das möchte ich dir hier kurz beschreiben. Du kannst dir dazu auch gern den Flyer unter dieser **Adresse: https://sortenfrei.com/downloads** downloaden und dir sichtbar platzieren, wo du am meisten draufschaust. Dies ist der Transformationsplan. Er wird dir beim Erstellen und Durchführen deines Plans Hilfe leisten.
Dieser Plan ist angelehnt an die Kreativmethodik „Design-Thinking“. Design-Thinking ist von Terry Winograd, Larry Leifer und David Kelly entwickelt worden, um Probleme zu lösen und neue Ideen zu kreieren.
Diese Methodik habe ich umgewandelt, um dich damit bei deiner Transformation zu unterstützen.

Damit du die einzelnen Schritte auf deinem Weg mitnehmen kannst, möchte ich dir diese hier Schritt für Schritt erläutern.

Innerhalb deiner Transformation wirst du dir auf dem Weg zu deinem neuen Ich Fragen stellen, wie zum Bespiel: Was ist denn eigentlich das, was ich machen möchte? Wer bin ich überhaupt? – und vor allem: Wie kann ich Dinge, Situationen oder Menschen dahingehend unterscheiden, ob sie passen oder nicht?

Der Transformationsplan zeigt dir die Stadien auf, die du durchlaufen kannst, um auf die richtige Antwort und das richtige Verhalten zu kommen, das dich weiterbringen wird, wenn du einmal stockst.

Der Transformationsplan besteht aus zwei Räumen. Zum einen hast du auf der linken Seite den Problemraum. Dort befindest du dich, wenn du dich gerade und aktuell ausschließlich mit einem speziellen Problem auseinandersetzt und dich vielleicht sogar aktuell in diesem aufhältst.
Der rechte Raum ist der Lösungsraum. In diesen Raum gehst du mental über, wenn du dich mit der passenden Lösung für dich beschäftigst. Dabei geht es um dein neues Verhalten, dass du gerne hättest und in dein Leben implementieren möchtest, um dieser Art von Problemen nicht mehr zu begegnen, die dich in der Art blockieren, dass du nicht in deinem Transformationsprozess weiterkommst.
Hast du dieses neue Verhalten für dich gefunden, geht es in die Implementierung und die eigentliche Umsetzung.

Das Durchlaufen der einzelnen Schritte bringt dich persönlich weiter und hilft dir, dich mit anderen Menschen zu vernetzen und dich auch mit den für dich richtigen Menschen zu treffen, sie kennenzulernen und eine Beziehung einzugehen.

Fangen wir mit dem linken Raum an, dem Problemraum. Dort siehst du eine Raute. Außen an der Raute entdeckst du zwei Wolken. Auf der linken Seite ist die Wolke „Entdecken". Das Entdecken steht zum einen dafür, dich selbst zu entdecken, deinen Gegenüber und die Situation. Wenn du nun beispielweise nicht genau weiterweißt und dir überlegst, was der Grund ist, dann wirst du Lösungsansätze finden, indem du dich einmal selbst reflektierst. Auf der linken Seite der Raute steht unterhalb der Wolke noch „open mind wide". Je mehr du dich für dich, der Situation und dem Gegenüber öffnest, desto mehr Lösungsansätze wirst du bekommen. In diesem Stadium geht es nicht direkt darum, die EINE Lösung zu haben, sondern mehrere Lösungsansätze herauszufinden, um zu sehen und später auch zu verstehen.
Auf der rechten Seite, unterhalb der Wolke „Definieren", steht „specific". Dort kommst du von den vielen Lösungsansätzen zu der für dich, der Situation und deinem Umfeld passenden Lösung. Indem du dir über die Liste der Lösungsansätze nochmals tiefere Gedanken machst.
In der Raute findest du drei Steps. Der 1. Step auf der linken Seite bedeutet „Verständnis". Wenn du dich in einer neuen Situation befindest, in der du keine Erfahrung hast, dann ist es wichtig, erst einmal zu verstehen, was gerade passiert. Wichtig ist, dich voll und ganz hineinzuversetzen in die Situation, in dein Gegenüber und in dich selbst. Schaue dir

die unterschiedlichen Standpunkte an. Überlege, was der Situation fehlt und/oder dem Gegenüber.
Schaue dir im 2. Step deine Erkenntnisse an und überlege dir, welche neuen Verhaltensweisen, Emotionen etc. für die akute Situation passender wären. Was ist das eigentliche Ziel und was benötigt die Situation von dir, dem Gegenüber, damit das Ziel nicht gefährdet wird?
Im 3. Step beziehst du einen Standpunkt und schaust dir an, was die besten neuen Verhaltensweisen, Emotionen und Gefühle sind, die du für diese Situation als angemessen empfindest. Schau, dass dies dir, dem Gegenüber und der Situation zuträglich ist oder nur einem oder zwei der Akteure.
Nun hast du dir bereits passendere Lösungsansätze gedanklich oder schriftlich angeschaut.

In der zweiten Raute steht links in der Wolke „Designen". Die erarbeiteten Lösungsansätze wirst du nun für dich designen. Auch hier gilt, je offener du bist, desto bessere Designs werden möglich sein. Was ich damit meine, ist, dass die Art und Weise den Erfolg ausmacht. Es geht hierbei darum, dass du aus voller Überzeugung ein z. B. neues Verhalten zeigst. Dies kann überzogen oder absolut sachlich sein. Je nachdem, was du beim Gegenüber erreichen möchtest.
Lasse dir viel Spielraum für Neues.

Im 1. Step: Jetzt geht es darum, deine Lösungsansätze so zu gestalten, dass sie für alle (dich, Gegenüber, Situation) richtig rüberkommen. Dabei geht es jetzt jedoch um die

Sicht des Gegenübers und der Situation und zuletzt um deine Sicht. Denn hier gilt, dass es um die Menschen dort draußen geht und nicht primär um dich.

Im 2. Step: Schaue dich also einmal von außen betrachtet (dissoziiert), in der Situation, an und zeige die neuen Verhaltensweisen auf. Überlege, bei welchem neuen Verhalten das Umfeld am besten reagiert. Wenn für dich das in Gedanken schwieriger ist, dann kannst du auch die Situationen auf ein Blatt aufzeichnen und den Step anhand dieser Visualisierung durchspielen.

Im 3. Step bringst du dein neues Verhalten in dein aktives Leben mit ein. Zeige in den passenden Situationen dein neues Verhalten. Schaue, wie es ankommt. Bekommst du das Ergebnis, das du wolltest? Schaue erst einmal nicht genau auf die Gestik und Mimik des anderen. Es geht vorerst um das Ergebnis. Sollte es funktionieren, dann bedanke dich herzlich dafür, dass derjenige das gemacht hat, was du wolltest und sei charmant. Warum du nicht schauen solltest, welche äußerlichen Reaktionen dein Gegenüber aufzeigt? Weil dich das möglicherweise aus dem Sicherheitsmodus bringen kann. Denn dein Gegenüber hat das vielleicht nicht ganz von dir erwartet. Macht es dann trotzdem. Ich neigte früher dazu, zurückzurudern, weil ich anhand der Reaktion glaubte, dass der andere das nicht wollte und sich eventuell angegriffen sah. Doch ehrlich gesagt, weiß ich das nicht! Da ich alles für ein größeres Ziel tue, weiß ich, dass ich es auch für den Menschen, der mir gegenübersteht, tue. Ich meine es nicht persönlich, sondern ich handele nach bestem

Wissen und Gewissen. Das ist generell ein Muss. Anders, kann ich dir auch sagen, wirst du niemals ankommen, um dich vollkommen zu fühlen.

Was dir jedoch am Anfang passen wird, wenn du beim Aufbau deines Plans bist mit konkreten Themen und Handlungen, dass dir wohlmöglich gerade nicht bewusst ist, was du eigentlich möchtest.

Dafür habe ich dir eine zweite Methodik ausgesucht, die dir klar werden lässt, was tatsächlich wichtig ist, um an dein Ziel zu kommen. Doch bedenke, dass der gesamte Zielerreichungsplan in Kombination nur zu dem gewünschten Ergebnis führen kann, wenn du 100 % gibst.

Diese Methodik (S.138) ist von Saras Sarasvathy, nennt sich „Effectuation" und wird angewandt, wenn bei Entscheidungen die Ungewissheit eine große Rolle spielt. Anders als die Entscheidungstools, die man so kennt, die sich auf vergangenheitsbezogene Daten beziehen und daraufhin Vorhersagen für die Zukunft treffen, sondern gerade dann, wenn belastbare Prognosen aufgrund höher Unsicherheit nicht möglich sind, findet diese Methode ihre Anwendung.

Zielerreichungsplan – Umsetzung

Wer kennt das nicht? Gerade wer in Unternehmen unterwegs ist, gehört „Zielerreichung“ zu den Unwörtern. Gerade im Vertrieb kennst du das mit Sicherheit.

Es gibt viele Möglichkeiten, seinen Zielerreichungsplan zu erstellen und das ist auch gut so, denn jeder Mensch ist anders und braucht meiner Meinung nach einen individuellen Zielerreichungsplan. Denn wie du bereits in den vorherigen Kapiteln gelesen hast, hat jeder eine andere Sicht auf die Welt.

Klar, für eine Unternehmung gibt es meist nur wenige KPIs (Key-Performance-Indicators), die messbar und zugleich noch wichtig für die wirtschaftliche Erfüllung der Unternehmensziele sind.
Abgleitet von den KPIs werden dann die Handlungen geplant, die die einzelne Abteilung und letztlich der Mensch (Mitarbeiter) umsetzen muss.

Was die Herangehensweise anbelangt, gehen wir mit der Zielerreichungsplanung einen ähnlichen Weg, der aber den Menschen und damit dich in den Vordergrund stellt.

Erst einmal zu dem, was dem ähnelt. Im Zielerreichungsplan (https://sortenfrei.com/downloads), hast du eine Achsenzeichnung. Rechts oben ist dein Ziel, dass du erreichen möchtest. Die Achse ist mit Zeit und Zielen gekennzeichnet. Um nun an dein Ziel zu kommen, ist es in

unserem Modell wichtig, dass du dir das Gesamtziel in kleine Teilziele unterteilst. Dies kannst du tun, indem du beim Ziel anfängst und dich zum Anfang links unten hinarbeitest. Du machst dir Gedanken darüber, welcher der letzte Schritt ist, den du tun musst, damit du an dein Ziel kommst. Und das ist dann dein Teilziel. Dann fragst du dich, welcher der letzte Schritt ist, den du machen musst, um an das erarbeitete Teilziel zu kommen. Das machst du so lang, bis du glaubst, dass du an dem Punkt angekommen bist, dass das Teilziel heute erledigt werden kann.
Damit hast du deine Dots gesetzt.

Ich überspitze jetzt etwas. Die meisten Unternehmen hören jetzt auf mit der Planung, da jetzt klar ist, was gemacht werden muss. Es ist nur noch wichtig, dass es irgendeiner machen muss.

Wir gehen deshalb weitere Schritte und beziehen folgende wichtige Indikatoren und Sichtweisen hinzu, damit die Schritte auch wirklich die für dich richtigen sind und du mit diesen persönlich wachsen kannst.

Denn hierbei geht es um dein Leben, dein Dasein. Das bedeutet, dass der Weg für dich richtig sein muss, denn du wirst dich genau dort aufhalten und er wird zu deinem Leben werden. Der Weg ist dein Leben. Deshalb solltest du ein besonderes Augenmerk auf deinen Weg legen.

Aus diesem Grund ist es unabdingbar, sich mit diesen Themen auseinanderzusetzen:

Werte,
Ressourcen,
Glaubenssätze.

In den vorherigen Kapiteln bist du bereits bewusst und unbewusst auf die genannten Themen gestoßen.
Wichtig ist hier, dass die Dinge, die du tust, eben genau deinen Werten entsprechen. Da sich die Werte verändern, ist es wichtig, dass du diese mit deinen Teilzielen und Zielen abgleichst.

Wir Menschen verändern uns täglich. Wir bekommen mehr Wissen durch eigene Erfahrungen und Erlebnisse oder unbewusste Informationen aus unserem Umfeld. Aus diesem Grund erhalten wir mit der Zeit neue Erkenntnisse über uns selbst und unser Handeln. Dies hat dazu geführt, dass sich meine Werte verändert haben.

Deine Glaubenssätze ändern sich ebenfalls. Je nachdem, was du erlebst und mit welcher Intensität und welchen Impact es auf dich hat.

Deine Ressourcen ändern sich mit der Geschwindigkeit, mit der du bereit bist, Neues zu zulassen und offen bist.

Ich nenne das in unserem Zielerreichungsplan das Arbeiten an der Basis. Ist die Basis gesetzt und wird stetig als Abgleich genutzt, wirst du deine Ziele mit Sicherheit erreichen.
In den Live-Events sowie im 1:1-Mentoring werde ich darauf genauer eingehen und mit dir gemeinsam deine Werte, deine Ressourcen herausarbeiten und an deinen limitierenden Glaubensätzen arbeiten und ggf. neue fördernde Glaubenssätze einbauen.

Dies würde hier den Umfang des Buchs sprengen und ist zur Erstellung des Plans in der ersten Fassung nicht relevant.

Da es sich um einen flexiblen und individuellen Plan handelt, wird sich dieser im Laufe der Zeit automatisch anpassen.

Einzigartig an diesem Plan ist, dass er noch eine dritte Ebene hat.

Die dritte Ebene beschreibe ich ebenfalls im Live-Event. Weshalb? Dies funktioniert meiner Meinung und Erfahrung nach viel besser, wenn das Erlebnis mit abgespeichert wird. Erst dann wirst du das neu Erlernte komplett verinnerlichen und ins Unterbewusstsein abspeichern.

Was der Zielerreichungsplan noch abdeckt, ist die Herangehensweise von Saras Sarasvathy. Sie ist Professorin für Entrepreneurship und Ethik an der Darden School of Business der University of Virgina. Sie ist Expertin für Entrepreneurship, Kognitionswissenschaften und Verhaltensökonomie sowie Gründerin mehrerer

Unternehmen in ihrem Herkunftsland Indien. Saras Sarasvathy hat die Effectuation-Theorie begründet und ist Autorin des Grundlagenwerks „Effectuation – Elements of Entrepreneurial Expertise“ (Edward Elgar 2008), sowie zahlreicher weiterer wissenschaftlicher Publikation zu Effectuation und unternehmerischer Expertise (Quelle: https://www.effectuation.at/project/sarassarasvathy/).

Die Modellzeichnung, Aufbau und Beschriftung ist der von Faschingbauer nachempfunden.

Sie beschreibt den Prozess, dem du dich aussetzt, wenn du die Lösung von Herausforderungen suchst. Jeder Schritt bedingt eine vorher getroffene Entscheidung. Um die Entscheidung zu treffen, sind die bereits erwähnten Fragen zu stellen:

Wer bin ich?

Was weiß ich?

Wen kenne ich?

Wenn du dir die Fragen beantwortet hast, weißt du, wie du die nächste Frage beantworten kannst:

Was kann ich tun?

Denn die ersten Fragen bringen dein Potenzial zum Vorschein, mit dem du im jetzigen Moment Entscheidungen treffen kannst.

Im Laufe des Prozesses weißt du dann auch, wie du kommunizieren darfst und vor allem was. Das Warum gibt dir deine Vision, die den Rahmen des Plans hält. Denn das ist der Grund für deine Schritte, die du nun in deinem Leben gehen wirst.

Wichtig für dich ist nun, dass du die Entscheidung triffst, neue Menschen kennenlernst, dir Fähigkeiten (Ressourcen) anzueignen, dich und dein Verhalten reflektierst – und beginnst. Auf dem Weg wirst du feststellen, was funktioniert und was noch nicht ganz so gut funktioniert. Aber das ist gut und normal. Denn erst dann wächst du und das Leben passt sich dir an.

Auch darauf werden wir im Live-Event genauer eingehen.

Nun hast du dir eine Basis erstellt, auf deren Grundlage du starten kannst.

Du hast dein Ziel, deine Teilziele, deine Werte, deine Ressourcen, dein Wissen und deinen Mut.

Ich wünsche dir hier und jetzt viel Erfolg und vor allem Freude auf deinem Weg, mit deinem neuen Ich, deinem neuen Leben.

Wenn du noch tiefer in die einzelnen Themen einsteigen möchtest, dann komme in die Facebook-Gruppe: „SORTENFREI – SEI, WIE DU BIST“. Dort teilen die Mitglieder und ich, wie wir die einzelnen Bereiche angegangen sind.

Wenn du wirklich erleben möchtest, wie es ist, dass es bei dir voll und ganz in deinen Körper und Geist übergeht, dann komme zu einem unserer Live-Events.

Gerne schaue bei unserem Podcast „SORTENFREI – SEI, WIE DU BIST“ vorbei, like und teile diesen mit Freunden. Bitte kommentiere diesen, sodass wir wissen, ob wir es für dich passend machen.

Zusatz: Der Beginn

Damit du voller Kraft, Energie und Fokus dein neues Leben starten kannst, braucht es Mut. Mut ist der Grund weshalb du Dinge gleich umsetzt oder erst Wochen später. Derzeit merkst du sicherlich einen Motivationsschub. Dies ist auch gut. Doch die andere Seite ist der Mut, der dir begegnen wird und du dich nicht traust, ihn anzunehmen, weil die Angst stärker ist. Die Angst ist die Mauer, die zwischen dir und deinem Mut steht. Die Angst ist jedoch keine reale Mauer. Sie existiert ausschließlich in deinem Kopf. Und wie bereits in diesem Buch angeschnitten, ist es jetzt an der Zeit, dass du dich dieser Angst stellst, sollte sie kommen.
Aber Achtung! Die Angst fühlt sich ähnlich an wie Intuition. Was ist denn nun der Unterschied? Der Unterschied ist, dass Intuition dir etwas Wichtiges sagen will, was du auf gar keinen Fall tun solltest, oder eben doch tun solltest. Gehen wir einmal von dem Negativen aus. Dann ist die Intuition dein Lebensretter. Die Angst an sich ist kein Problem. Sie bereitet dich und deinen Körper vor, in der Kraft zu performen, die die Situation erfordert.

Wie du das unterscheiden kannst? Du kannst dir die Fragen von Saras Sarasvathy hinzuziehen: Wer bin ich? Was kann ich? Wen kenne ich? Vor allem mit dem Punkt: Was kann ich? Bin ich in der körperlichen Konstitution, das Ereignis zu durchlaufen? Habe ich das Wissen, das ich benötige? Und als guter Letzt, ist das alles, was ich glaube zu können oder geht da eigentlich noch mehr? HINWEIS: Dies ist keine Empfehlung oder Aufforderung, dich in Lebensgefahr zu bringen, sondern spiegelt lediglich meine Gedanken wider und wie ich entscheide. Ich gehe davon aus, dass du für dich selbst entscheiden kannst, was gut ist und was nicht.

Mutig zu sein, ist eine Entscheidung. Meines Erachtens die schwerste, die du in Zukunft treffen wirst. Denn dies bringt dich an Orte, an die du gehen musst, damit sich das Neue voll entfalten kann. Denn heute bist du dort, weil du in der Vergangenheit die Entscheidungen getroffen hast.

Damit du nun Neues in dein Leben bringen kannst, ist es unbedingt wichtig, mit alten Dingen aufzuräumen und sie hinter dir zu lassen. Dies hast du bereits in den vorherigen Kapiteln angefangen. Jetzt ist es an der Zeit, dies auch in die Tat umzusetzen.

Ich möchte dir dazu eine Geschichte erzählen. Wie du ja weißt, bin ich in Brasilien geboren und dort aufgewachsen. Die Jahre danach war ich nicht oft in Brasilien. Zum einen war ich als Jugendlicher abhängig davon, wo meine Eltern hinwollten. Für die Reiseplanung war mein Vater zuständig. Wir waren einmal drüben, als ich Teenie war. Erst mit 25 Jahren besuchte ich wieder Brasilien. Danach nicht mehr. Ich hatte damals meinem Patenonkel und meiner Patentante gesagt, dass ich auf jeden Fall wiederkommen werde. Es sind nun 14 Jahre her, dass ich das letzte Mal da war. Es kam mir gar nicht so lang vor. Die Zeit vergeht wie im Flug. In der Zwischenzeit studierte ich abends, gründete eine Familie, zog mehrmals um, wechselte mehrmals den Arbeitgeber usw.

In den letzten Tagen erschütterte mich eine Nachricht meines Vaters, der mir mitteilte, dass mein Patenonkel gestorben ist. Mein Onkel, der auch mein Namensgeber ist.

Ich war wie erstarrt. Ich wusste, dass es ihm nicht gut ging und dass das Alter zuschlägt. Dennoch war mir nicht wirklich bewusst, dass jeder Tag sein letzter hätte sein können, denn er war fit. Zwar hatte er Probleme mit seinen Beinen, er war jedoch, von wachem Geist und voller Energie. Am Vortag, seines Todes klagte er über Schmerzen am Bein und ihm wurden dann abends Schmerzmittel verabreicht – er schlief schmerzfrei ein.
Am Morgen, sein Sohn war über Nacht bei seinen Eltern, lief der Sohn durch die Zimmer, um seine Eltern zu wecken. Er schaute in das Zimmer seines Vaters und er schlief noch. Als er das zweite Mal in das Zimmer ging, um ihn aufzuwecken, ging er zu ihm hin und stellt fest, dass es ihm schlecht ging. Er merkte, dass etwas nicht stimmte, handelte sofort und rief den Krankenwagen, doch es war bereits so kritisch, dass am Ende auch die Reanimation nicht mehr helfen konnte.

Ganz plötzlich nahm das Leben eines starken Mannes, Ehemannes, Vaters, Opas, Onkels ein Ende.

Ich hatte die Jahre zuvor mit meiner Frau gesprochen, dass wir mal nach Brasilien fliegen und unsere Kinder natürlich auch. Denn beide sind Brasilianerinnen und ich möchte ihnen natürlich zeigen, wo ich herkomme. Wir könnten bei Freunden und meinem Onkel übernachten, wohnen und womöglich auch leben. Doch wir haben es irgendwie nicht hinbekommen, da immer etwas anderes anstand. Unsere beiden Selbstständigkeiten, Arbeitgeberwechsel, finanzielle Thematiken und dann noch die Bürokratie der brasilianischen Behörden (teilweise noch komplexer als in Deutschland).

Ich will dir damit sagen, dass es nie den richtigen Zeitpunkt gibt. Ob es das Kinderbekommen angeht oder einfach darum geht, den Flieger zu buchen und rüberzufliegen, oder sich mit der Bürokratie auseinanderzusetzen. Du wist immer wieder eine Ausrede haben, weshalb du gerade jetzt nicht das machen solltest, dass dich in deinem Leben weiterbringt.

Wie viele Momente kennst du, in denen du bereits auf die Art gehandelt hast?

Das Einzige, was du entscheidest, wenn du deine Themen hinauszögerst, ist, dass es eines Tages zu spät sein wird. Denn jede Sekunde vergeht, ob du das willst oder nicht. Die Zeit ist relativ. Der Zeit ist es egal, dass es sie gibt. Sie ist einfach da. Sie existiert nur dann, wenn du sie nicht nutzt.

Aus diesem Grund habe ich mich dann entschlossen, allein den Flieger zu buchen und nach Brasilien zu fliegen, da ich es mir nicht vergeben könnte, wenn ich meine Patentante nicht noch einmal sehen würde.

Ja, es hätte auch ein besserer Zeitpunkt sein können. Doch es geht hierbei um die Entscheidung. Es geht hierbei um deine Entscheidung. Du musst entscheiden.

Die Entscheidung, die ich traf, wurde natürlich von außen getriggert, könnte ich sagen. Doch ich glaube daran, dass auch hier etwas anderes den Hinweis geben wollte, noch einen Schritt weiter an mich heranzukommen – und an die Aufgabe, die ich noch zu lösen habe.

Meine Aufgabe ist es, noch eine Tür zu schließen, die ich, seitdem ich auf der Welt bin, offengehalten habe. Nämlich das Thema mit meiner leiblichen Mutter.

Ich hole etwas aus …
Damit das brasilianische Konsulat in Frankfurt am Main meine Hochzeit und meine Kinder registrieren kann, ist es wichtig, dass ich ihnen meine aktuelle und nicht älter als sechs Monate alte Geburtsurkunde einreiche. Denn dort wird festgehalten, ob ich verheiratet bin oder nicht. Also bin ich derzeit (Jahr 2019) für die Brasilianer noch nicht verheiratet! In Deutschland bin ich dieses Jahr seit 10 Jahren verheiratet. Nun gut. Ich habe vieles unternommen, um dieses Dokument zu bekommen. Bisher keine Chance.

Jetzt fliege ich rüber und besorge das Dokument und in diesem Zusammenhang werde ich erfragen, ob das Amt auch den Namen meiner leiblichen Mutter hat. Denn ich möchte diese Tür endlich schließen, weil ich weiß, dass es mich freier machen wird.

Unter diesem Link kannst du dir die Reise anschauen:
http://bit.ly/BrasilReise

SCAN ME

Zurück in die Vergangenheit.

Nadine, Penelope und Xenia fuhren mich zum Flughafen. Es war ein Mix aus, Freude, Entspannung und Angespanntheit, aus Erwartung und Hoffnung. Dieser Mix machte mich ruhig, klar und leicht.

Ich wusste insgeheim, dass die Dinge kommen würden und ich nur auf mein Inneres hören müsste.

Der Flug über den großen Teich dauerte 12 Stunden und ich landete um 4:50 Uhr morgens in São Paulo. Freunde unserer Familie holten mich vom Flughafen ab. Sie wohnten eine Stunde vom Flughafen entfernt in Mogi das Cruzes, ein Vorort östlich von São Paulo.

Bei Ihnen blieb ich zwei Tage und eine Nacht, bevor ich mit dem Nachtbus nach Blumenau im Staat Santa Catarina fuhr. Denn dort leben meine Patentante und ihre Kinder.

Die Familie in Mogi das Cruzes hat mir dabei geholfen, mich in der Stadt zurechtzufinden und mit mir gemeinsam das nötige Dokument zu besorgen, um meine Ehe auch in Brasilien melden zu können.

Ein Ort weiter bin ich aufgewachsen: Suzano. Mein Wunsch war es, meine Heimat besser kennenzulernen. Also fuhren sie mich dorthin. In das Viertel, in dem ich groß geworden bin. Wir fuhren über Straßen, die kaputt sind. Schlaglöcher rüttelten und schüttelten das Auto durch. Viele der Straßen in den Vororten sind in einem fürchterlichen Zustand und hunderte Male geflickt worden. Die meisten Geschäfte sind Autowerkstätten und Autohäuser. Denn die Brasilianer lieben ihr Auto mehr als ihr Zuhause. Dementsprechend sehen die Häuser auch aus. Es wird nur das Nötigste getan, denn jede Reparatur oder Fassadenarbeiten wären in wenigen Monaten wieder vernichtet. Durch die hohe Luftfeuchtigkeit, die Hitze und den Regen sowie die Umweltbelastung durch Industrie und Autos greifen die Substanz der Häuser stark an.

Doch einer der Hauptgründe ist auch der geringe Verdienst des größten Teils der Bevölkerung. Die Menschen, die Geld verdienen und sich weniger darum kümmern müssen, dass sie den nächsten Tag noch etwas zu essen kaufen können, haben das Ziel, in einem Apartment in einem Hochhaus zu wohnen und weniger in einem Haus. Im Grunde das Gegenteil von uns hier in Deutschland. Das Ziel ist die Sicherheit. Die Apartments sind zum einen mit meterhohen Mauern und Zäunen umrandet, mit Kameras ausgestattet und haben Security, die in einem klimatisierten Pförtnerhaus am Haupteingang einer Anlage sitzen und dich bei deinem Besuch anmelden und hineinlassen. In einem Haus hingegen musst du stets darauf achten, in welchem Viertel du wohnst und mit erhöhter Aufmerksamkeit leben, damit niemand einbricht. Deshalb spielt auch hier die Sicherheit eine große Rolle.

Weshalb erzähle ich dir das? Die Menschen in Brasilien sind trotz dieser Umstände glücklich und freuen sich jeden Tag aufs Neue über ihr Leben. Gerade weil sie diesen Tag wieder haben, um das Beste daraus zu machen. Trotz der fast nicht vorhandenen Perspektive in diesem Land gehen die Kinder gern in die Schule, da es neben Fußball die einzig realistische Option ist, aus dem Land zu kommen und woanders in der Welt eine Perspektive zu haben.

So fuhren wir durch den Ort und ich schaute aus dem Fenster. Schaute mir die Menschen an und wie sie leben. Ich sah in die Nebenstraßen und Gassen, in denen Hunde Müll fraßen, quer über die Straße, durch die Autos liefen. Ich sah Kinder, die in Baracken leben und Fußball spielten. Unfertige Häuserbauten.

Die Straßen, auf denen wir unterwegs waren, waren hoffnungslos überfüllt und jeder kämpfte sich irgendwie durch den Stau. Dabei galt nur die Regel, dass der Stärkste und Sturste gewinnt. Wir fuhren in Richtung des Viertels, in dem ich aufgewachsen bin. Das Viertel gehörte damals einem der größten Industrieunternehmen der Welt. Mein Vater arbeitete dort. Heute ist dieses Unternehmen in mehreren Firmen aufgegangen, steht aber immer noch dort, wo wir es vor 34 Jahren verließen.

Wir bogen in die Straße ein, die direkt auf den Zugang zum Viertel führte. Die Straße ist gepflastert und unglaublich

46

lang. Links ist die Mauer des dort heute ansässigen pharmazeutischem Unternehmens und rechts von der Straße Häuser, in denen Menschen mit unterstem Einkommen wohnen. Ich erinnerte mich, wie mein Bruder und ich in dieser Straße in den Schulbus stiegen, der uns jeden Tag in die Schule und den Kindergarten nach Mogi des Cruzes fuhr.

Es kamen immer mehr Erinnerungen hoch. Doch was ich ebenfalls merkte, war das Gefühl, das in mir aufstieg. Das Herz schlug schneller und ich war aufgeregt. Ich wusste nicht genau, was mich jetzt erwarten würde. Als wir am Straßenende ankamen, standen wir vor einer 3 Meter hohen blauen Stahltür, vor der das grüne Gras zwischen den Pflastersteinen wuchs. Ich konnte nichts sehen. Wir versuchten es über den Pförtner. Dieser gab uns eine Telefonnummer von einer Person, die uns hätte erlauben können, auf dieses Gelände zu gehen. Gerne hätte ich ein Foto unseres alten Hauses gemacht. Auf den digitalen Maps im Internet ist auch noch eine aktuelle Aufnahme, auf der unser Haus zu sehen ist. Ein Mann kam auf uns zu und fragte uns, was wir hier machten. Er wohne im letzten Haus auf der Straße, vor dem blauen Tor. Unsere Anwesenheit war für ihn unangenehm und nachdem wir ihm erklärten hatten, weshalb wir hier sind, verabschiedeten wir uns bei ihm und fuhren die Straße wieder einen Teil hoch. Die nächste Möglichkeit bogen wir links ab und versuchten es entlang der Mauer, einen Blick in das alte Viertel zu werfen.
Bei der Suche nach dem besten Platz schaute uns eine ältere Dame zu, wie ich versuchte ein gutes Foto zu machen und

fragte, was wir da machen würden. Wir kamen ins Gespräch. Sie sagte, dass sie früher in diesem Viertel gearbeitet hat. Dass sie bei Familien auf die Kinder aufgepasst hätte. Wir fragten sie, ob sie nicht auch die Frau kennt, die auf mich und meinen Bruder aufgepasst hat. Sie kannte die Frau! Ich war mehr als überrascht und mein Herz klopfte ganz stark. Mein Atem stockte und ich war in der ersten Sekunde erst einmal erstarrt. Denn meine Familie und ich gingen davon aus, dass sie bereits vor 15 Jahren gestorben war, weil sie nicht mehr zurückgeschrieben hatte.

Sie bot uns an, zu ihrem Haus zu gehen. Auf dem Weg dorthin, beschleunigte sich mein Herzschlag nochmals und ich hatte das Gefühl, dass es aus meiner Brust herausspringen würde. Am Haus angekommen, rief die Frau den Namen. Wenige Sekunden später kam sie hervor und lief auf mich zu.

Ich spürte sofort, dass sie es war. Solch ein vertrautes und warmes Gefühl, das mir zeigte, dass hier wirklich unsere damalige Nanny vor uns stand. Eine kleine, alte Dame, großherzig und nett, kam auf mich zu. Sie erkannte mich zuerst nicht. Und während meine Begleitung mit ihr sprach und den Namen sagte, suchte ich mein altes Kinderfoto, das auch auf Instagram zu sehen ist, raus, um es ihr zu zeigen. Als ich ihr das Handy mit dem Bild zudrehte, bekam sie große

Augen, schlug die Hand vor den weit geöffneten Mund und schaute mich erstaunt an. Die Emotionen überschlugen sich, wir weinten und lagen uns in den Armen.

Sie lud uns zu sich ein und wir redeten viele Stunden über die Vergangenheit und die Gegenwart. Sie lebt einfach und hat nicht viel um sich herum. Doch sie ist glücklich.

Sie erzählte mir so viel über damals, sodass ich noch viel für mich mitnehmen konnte, dass ich nicht wusste. Dinge über meine Eltern und Erzählungen über meine leibliche Mutter, die sich mit dem deckten, was mir auch schon meine Eltern erzählten.
Von ihr habe ich schon damals viel Liebe bekommen und heute Lebensweisheiten, von denen ich mit dir hier gerne eine teilen möchte.

Sie sagte: „Man soll immer von allein wachsen und nicht auf Kosten des anderen!“

Dieser Satz hat mich auch noch, nachdem wir uns verabschiedet hatten, sehr beschäftigt. Auf dem Weg zurück zum Auto, das noch an der Mauer stand, bei der ich ein Foto machen wollte, stand ich davor und mir wurde eins klar.
Früher war dahinter die Welt mit Leben erfüllt – mit Sommer, Sonne, Strand und Samba. Jetzt, wo wir weg sind, ist dort nichts mehr. Die Häuser wurden größtenteils abgerissen, weil sogar Bäume herauswuchsen. Getrennt von einer Mauer.

Der Abschnitt in meinem Leben, der zwar vorbei ist, jedoch für das Hier und Jetzt immer noch eine wesentliche Rolle spielt. Denn, was ich erkannte habe, ist, dass das Leben nicht einfach dort ist, ortsgebunden, sondern sich dort aufhält, wo du bist. Nämlich in dir selbst! Und wenn du wachsen willst, musst du es selbst machen und nicht auf Kosten anderer. Sei glücklich mit dem, was du hast, wer du heute bist und wie du damit dein bestes Leben leben kannst.

Mit diesen neuen Erkenntnissen und Gedanken bin auf meiner Reise weiter in Richtung Süden, zu meiner Tante und meinem verstorbenen Onkel.
Die Reise war spannend und für einige Menschen verrückt. Ich fuhr von São Paulo mit einem Doppeldecker-Schlafbus ab. Im unteren Bereich war ein abgetrenntes Abteil, in dem neun große, weiche und gemütliche Sitze waren. Man kam sich wie in der First-Class eines Großraumfliegers vor. Auf den Sitzen lagen jeweils ein hygienisch verpacktes Kissen und eine Decke. Es wurde ein Snack und Wasser gereicht. Die Sitze konnte ich fast horizontal kippen und für die Füße gab es eine weiche Ablage. Ebenfalls am Sitz war eine USB-Ladestationen integriert – alles erste Klasse.
Ich legte meine Beine auf die Ablage und kippte die Stuhllehne nach hinten, deckte mich zu und legte das Kissen unter meinen Kopf und schlief sofort ein. Die Fahrt dauerte neun Stunden. Der Bus pausierte dreimal zu jeweils 15 bis 20 Minuten. Doch ich blieb liegen und schlief weiter.
Es war die Zeit für mich ganz allein. In der Zeit, in der ich mir klar machte, dass mein gesamtes Leben von mir selbst zu bestimmen ist. Dass die Welt, wie sie ist, einen Rahmen

aufzeigt, in den ich hineingegangen bin. Und dass ich jetzt weiß, dass es diesen Rahmen gar nicht gibt, sondern ich selbst dessen Erschaffer und Gestalter bin. Ich selbst bin dafür verantwortlich, denn überall wo ich bin, ist das Leben, denn ich bin es selbst und nicht mein Umfeld.

Als ich meine Tante endlich besuchte, wurde es mir klar. Das alles im Leben einmal ein Ende hat. Als ich sie in die Arme schloss, habe ich gewusst, dass dies möglicherweise das letzte Mal sein würde, dass ich sie sah. Als sie mich erkannte, freute sie sich sehr. Sie kann sich leider nicht mehr richtig verständigen. Sie hat Parkinson, ist an ihr Bett gefesselt und kann nichts mehr eigenständig machen.
Doch sie lächelte mich an und freute sich sehr darüber. Sie war glücklich und strahlte, trotzdem sie offensichtlich wusste, dass sie wahrscheinlich nicht mehr lang zu leben hat.

Für mich habe ich daraus viel gelernt. Ich verstehe jetzt, dass es keinen Grund gibt, schlechte Laune zu haben oder gar zu verzweifeln, egal in welcher Situation ich bin. Denn die Situation ist das, was du daraus machst.

Neues Leben

Ich verabschiedete mich von ihr und verbachte die restliche Zeit bei einem ihrer Söhne. An einem Tag nahm er mich mit auf eine kleine Tagesreise. Die Reise sollte der Beginn meines jetzigen Ichs und meines Lebens werden.

Wir fuhren aus der Stadt hinaus in Richtung Landesinneres. Schnellstraßen und Landstraßen führten durch eine abwechslungsreiche Landschaft, kleine Ortschaften säumten den Weg, bis die Betonstraße endete und in eine Erdstraße überging. Wir fuhren die Berge hinauf und wieder hinunter und am Ende wieder hoch.– bis wir dort ankamen, wo er mich hinbringen wollte.
Am Ende des Weges stand eine Hütte mit überdachtem Sitz und Essecke, bei dem auch Gruppen unterkommen konnten. Wir waren bei einer Familie angekommen, die auf ihrem Land Naturkostbarkeiten haben, von denen sie lange Zeit selbst noch nichts wussten und die sie durch Zufall entdeckten.

Wir stiegen aus dem Auto und begrüßten eine Frau; später sollte sich herausstellen, dass dies die Schwiegertochter des Besitzers war. Ich zog mich um, denn ich sollte Schuhe mitbringen, die schmutzig werden konnten und eine extra Hose.

Wir wanderten in Richtung einer Weide. Die Frau öffnete das Tor und wir gingen über die Weide in Richtung Palmenwald und verschwanden im Dickicht. Dort wies sie uns darauf hin, dass wir aufpassen müssten, wo wir hintreten, da es steil bergab ginge und auch rutschig sein könnte. Wir sollten außerdem nicht überall hingreifen, da Schlangen in Ecken liegen und nicht gestört werden wollen. Dies machte mir schon ein mulmiges Gefühl, allerdings spannend zugleich. Der Weg war wunderschön und grün. Die Sonne blitze leicht durch die Blätter der Bäume hindurch und ein leises Rauschen eines Flusses war zu hören. Wenige Minuten später eröffnete sich uns ein Wasserfall, der ein grandioses Naturschauspiel bot. Der Wasserfall stürzte in ein Becken, dass an der tiefsten Stelle weit über 20 Meter Tiefe aufwies. Es gab kein Halten mehr und wir genossen das herrlich kühle Wasser mit intensiven Schwimmzügen. Sie zeigte uns noch weitere Stellen, flussabwärts, an denen wir das klare Wasser überqueren konnten. Die beeindruckendste Stelle des Flusslaufes mündete in einen Treppenwasserfalls, dessen Wasser etwa 50 Meter in die Tiefe stürzte. Wir setzten uns auf die unterste Treppe und ließen die Wassermengen von oben unsere Seele reinigen. Ein falscher Schritt, oder an der falschen Stelle auf der Treppe gesessen, könnte das Wasser uns umwerfen und in die Tiefe mitreißen.

Diese Reiseerfahrung hat mir immens geholfen, die Erkenntnisse aus dieser Brasilien-Reise in meine Vergangenheit zu festigen und mir ein neues Bewusstsein zu geben, wie ich mein Leben in Zukunft gestalten möchte.

Mir wurde bewusst, dass ich selbst für mein jetziges Leben verantwortlich bin. Kein anderer hat entschieden, dass ich so lebe. Niemand hat gesagt, dass ich die Jobs machen soll, die ich hatte. Es kam von außen keiner, der mich gezwungen hat, die Dinge zu tun, die ich getan habe. Mein Leben ist dort, wo ich bin. Und derjenige der bestimmt, wie es aussehen soll, bin ganz allein ich.

Das bedeutet im Umkehrschluss, dass du und jeder andere sein Leben nach seinen Bedürfnissen gestalten und leben kann.

Wir lernen unser ganzes Leben lang. Es hört nie auf. Denn du bekommst jeden Tag neue Herausforderungen, denen du dich stellen musst. Du verbringst viel Zeit und wendest Energie auf, um deinen Standard zu halten und hast deshalb auch gar keine Zeit, dir Gedanken über deine Zukunft zu machen, geschweige denn über deine Wünsche und Träume. Das Einzige, was dir Sicherheit gibt, ist die Routine jedes einzelnen Tages. Denn dadurch weißt du, was passiert und welches Ergebnis du vielleicht bekommst. Aus diesem Standard herauszutreten, fällt dir auch aus dem Grund schwer, da du vielleicht nicht daran glaubst, dass du das kannst oder die Fähigkeiten nicht hast. Du bist immer auf der Suche nach den Argumenten, weshalb es nicht geht. Auch wenn du jetzt sagst, dass du viele Ideen hast und es theoretisch weißt, wie es geht. Warum machst du es dann nicht? Du kannst andere Menschen fragen, die es können. Du kannst Menschen finden, die ihre Dienstleistung auch frei anbieten, indem du ihnen etwas von dir anbietest, was ihnen einen Mehrwert stiftet.

Der Grund, weshalb du deinen Wunsch oder Traum nicht lebst, ist der, dass du es dir in deiner jetzigen Situation einfach sehr gemütlich gemacht hast. Du möchtest den Status nicht verlieren, den du dir mühsam erarbeitet hast. Die Frage ist doch die: Wenn du es bis hierher geschafft hast, warum machst du dann nicht weiter?

Diese Reise hat mich noch mehr zu mir gebracht. Oftmals habe ich daran gedacht, wie es wäre, wenn ich so selbstbewusst wäre wie die anderen. Was ich nicht wusste, ist, dass sie das ebenfalls dachten. Und was ich auch nicht wusste war, dass ich selbst derjenige bin, der sein eigenes Leben gestaltet und ich sage, was ich brauche und was nicht. Heute weiß ich, wer ich bin, was ich kann und zu was ich fähig bin. Es geht hierbei schon lange nicht mehr um mich. Das ist etwas, was ich als Erstes angenommen habe. Ich habe für mich erkannt, dass andere meine Stimme brauchen, weil sie es allein nicht können oder dürfen. Sie brauchen einen Menschen, der für sie den Mund aufmacht und für ein Leben einsteht, dass Menschen in Einheit und Gemeinschaft Größeres bewegen.

Aus diesem Grund habe ich mich entschlossen, Menschen dabei zu unterstützen, dass sie ihren Vorteil erkennen, der daraus entsteht, dass sie anders aussehen und aus einem anderen Land stammen. Sie haben wie jeder das Recht, ihr Leben so zu leben, wie sie wollen.
Was daraus entstehen kann, wenn viele Menschen und im Speziellen du beginnst, andere Menschen zu inspirieren. Was für eine Welt und welches Umfeld hättest du dann?

In der Vergangenheit habe ich dieses Thema verdrängt und es ging mir gut. Selbstverständlich wurde die Wunde immer wieder angekratzt, wenn Menschen mich darauf angesprochen haben. Bis ich mit der Persönlichkeitsentwicklung angefangen habe. Dort habe ich das Thema bearbeitet und es hat mir Kraft und Energie gegeben. Dennoch glaube ich, dass noch mehr in mir steckt, wenn ich das Thema auch psychisch komplett abschließen kann. Damit das passiert, stelle ich mich nun meiner Angst, um diese zu überwinden, weil ich weiß, dass danach etwas Neues kommen wird. Was es genau sein wird, weiß ich nicht. Doch genau das macht es aus.

Du musst möglicherweise auch entscheiden, dich von Menschen oder Dingen zu trennen, die dich davon abhalten, das zu tun, wozu du hier bist, um der Mensch zu werden, der du bist.

Was ich dir sagen kann, ist, dass du dann möglicherweise Menschen kennenlernen wirst, die dich als den „Neuen" lieben werden und sich dir anschließen. Du wirst niemals allein sein. Am Anfang wird es ungewohnt sein, doch dadurch gibst du dir die Möglichkeit, neu anzufangen. Sei mutig und entscheide dich für dich. Viele der Trainerkollegen sagen: Ein NEIN für die anderen ist ein JA für dich.
Das darfst du für dich nutzen, denn dies gibt dir die Sicherheit, dass du nicht zu kurz kommst, sondern dein gesamtes Potenzial entfalten und dort einsetzen kannst, wo es gebraucht wird.

Triff deine Entscheidungen und ziehe sie durch. Was soll dir passieren? Du hast dir in den vorherigen Kapiteln notiert, was du bereits alles überwunden und erreicht hast. Was soll also jetzt kommen? Genau! Etwas NEUES! Und das ist es doch, was du willst! Etwas Neues. Das dich zu dir selbst bringt und dich und dein Sein nach außen und zum Leben bringt.

Im Laufe meines Lebens sind mir viele Menschen begegnet und alle sind erst dann weitergekommen, wenn sie das hinter sich gelassen haben, weil sie es konsequent entschieden haben. Dein Umfeld wird dich lieben. Vielleicht nicht alle, aber dann hast du es einfacher zu beginnen, dein Leben zu leben und nicht in der Schublade des anderen zu versauern, nur damit es ihm/ihr besser geht.

Nimm die Menschen mit auf deine Reise, die mitmöchten. Das erkennst du daran, dass diese bei dir bleiben und sich wirklich für dich interessieren und für das, was du machst.

Es ist Zeit! Deine Zeit ist JETZT! Fang an!

Ich bitte dich, dir klar zu werden darüber, dass du nicht ewig leben wirst. Es ist schon viel Zeit vergangen. Lass nun keine Sekunde ungenutzt und mach dich auf deinen Weg.

Helfe anderen Menschen, indem du ihnen zeigst, was du bisher gemacht hast und was du für dich gelernt hast.

Sei der Mensch, an dem sich die Menschen erinnern möchten, weil du Ihnen Sinn gegeben hast.

Sei der Vater, der gütig und herzlich war.

Sei die Mutter, die Geborgenheit verschenkte.
Sei der Sohn, die Tochter, die ihr Sein lebt.

Sei Freund/in, bedingungslos.

Liebe, dich, dein Umfeld und das Leben.

Danke

Ein besonderer Dank gilt den folgenden Personen, chronologisch zu meinem Sein:

Meinen Eltern Astrid und Udo Heep. Sie haben mir durch ihren Mut und ihre bedingungslose Liebe die Chance gegeben, das Leben zu leben, dass ich heute leben darf. Durch ihre Entscheidung, mich zu adoptieren, ist dies erst möglich geworden. Ich liebe Euch.

Im Gedenken an meinen Patenonkel und meine Patentante. Meiner leiblichen Mutter, die mich zur Adoption freigab, und meine Nanny, die einen großen Beitrag leistete, mich großzuziehen.

Und meinem Bruder, dem ich einen Teil meiner Stärke verdanke, die ich heute habe.

Bei meinen Freunden, die mich mein Leben lang begleiten und wir thematisch und menschlich immer wieder beim letzten Zusammentreffen ansetzen. Denn wir sehen uns nicht jeden Tag, jede Woche oder jeden Monat, dennoch ist dort eine besondere Verbindung, die stets anhält: Toufik, Hasan, Miguel, Boris, Özcan, Frank, Simon, Björn, Florian.

Meinen neueren Wegbegleitern und Freunden:
Markus, Mesut, Marina, Yvonne, Tobias Beck, Sinthu, Matthias, Ursel, das TBU-Team und die gesamte Bewohnerfrei Crew (Crew Love).

Sowie meinen früheren Beziehungen, die einen wesentlichen Teil dazu beigetragen haben, dass ich der bin, der ich heute bin.

Meinen Mentoren:
Den beiden Helden Les Brown und Tobias Beck möchte ich danken, dass sie entschieden haben, ihr Wissen mit der Welt zu teilen und damit mich stets motiviert haben, weiterzumachen.

Last but not least:
Meiner Frau Nadine und unseren beiden Kindern, Penelope Sophia und Xenia Lara, möchte ich mich ganz besonders bedanken, denn in der Zeit, in der ich weg bin, an meiner Mission arbeite und anderen Menschen die Plattform bereite, damit die Menschen das Leben leben können, das Sie verdient haben, seid ihr tapfer zu Hause und wartet, bis dein Mann / euer Papa wieder nach Hause kommt. Dieses

Opfer ist nicht einfach zu bringen und aus diesem Grund gilt euch der größte Dank, dass ich meinen Traum leben darf und ihr mir das ermöglicht, indem ihr mich liebt und für mich da seid. Es ist für mich keine Selbstverständlichkeit. Ich liebe euch.

Facebook:
https://www.facebook.com/joaoulrich.heep

SORTENFREI Community:
SORTENFREI - Sei wie Du bist!

Instagram:
@joao_heep

Podcast:
SORTENFREI – SEI WIE DU BIST

Zielerreichungsplan & Transformationsplan:
https://sortenfrei.com/downloads

Tobias Beck:
https://tobias-beck.com

Les Brown:
https://lesbrown.com

Über den Autor

João Heep alias „Dr. João, Mr. SORTENFREI & THE VOICE“ ist migrierter Brasilianer, wiederholte die erste Klasse und wurde für die Hauptschule vorgeschlagen. Vom Telefonisten mit Lese-Schreibschwäche über Vertriebsleiter eines international agierenden Unternehmens zum erfolgreichen Speaker für Diversity und Autor des Buchs SORTENFREI – Sei wie du bist.

Online erreicht er mehrere tausend Menschen über die sozialen Medien und startet den Podcast „#sortenfrei – sei wie du bist!“. Er gibt Menschen mit unterschiedlicher Herkunft Mut, ihr Leben neu zu gestalten. Weit über tausend Menschen trainierte er bereits live, darunter zählen auch Kunden wie IKEA. Zudem ist er persönlicher Berater von CEOs international agierender Unternehmen.

www.sortenfrei.com

Foto von **Christian Stein Photography**
Bei Speechless.pro

Mentorship & Brasil Retreat

Das Mentoring ist genau das Richtige für dich, wenn du alles hast, aber auch glücklich und erfüllt sein willst.

Das Mentoring ist für dich das Richtige, wenn du mehr Klarheit und innere Ruhe spüren willst.

Oder wenn du einfach mehr aus deiner Situation machen willst.

Der Brasil Retreat ist genau das Richtige für dich, wenn du für dich alles erreicht hast und du den Sinn und den Weg zu dir selbst finden willst!

Eine intensive, emotionale Reise zum Ursprung, zum Kern, zum Wesentlichen, in deinem Leben.

Entdecke deine ureigene Kraft und Klarheit, die dir deinen Weg zeigen wird

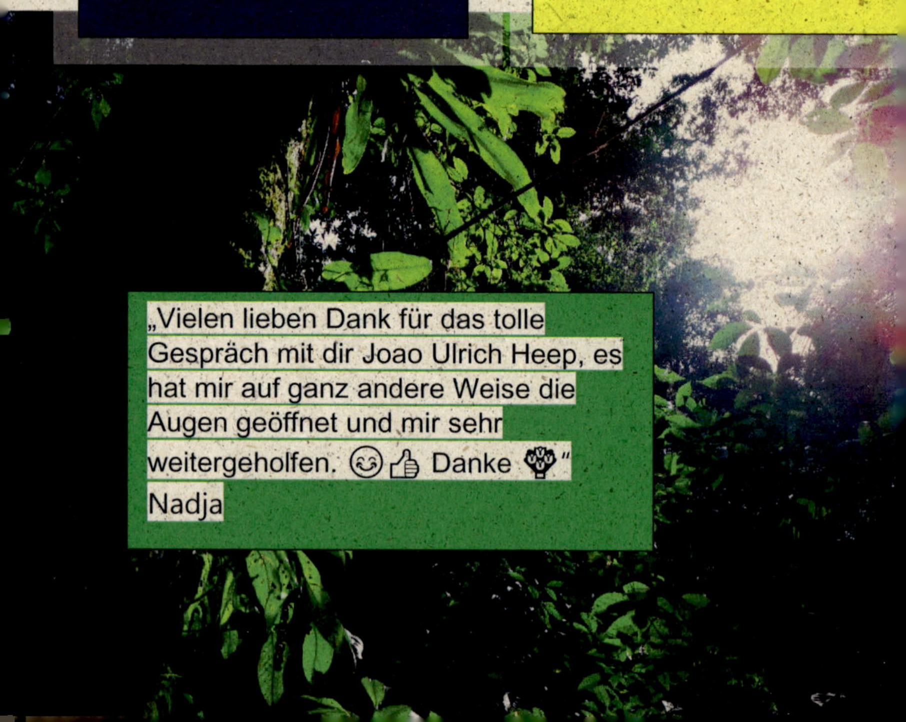

„Vielen lieben Dank für das tolle Gespräch mit dir Joao Ulrich Heep, es hat mir auf ganz andere Weise die Augen geöffnet und mir sehr weitergeholfen. 😊👍 Danke 💐"
Nadja

#diegrasdruckerei

ENTSCHEIDE DICH.

Der Papierbedarf steigt weltweit stetig und führt zum Abbau wertvoller Holzressourcen in den Tropen, um die Nachfrage nach reinem Zellstoff zu befriedigen. In Brasilien, Indonesien oder Uruquay werden jedes Jahr große Mengen an Regenwald abgeholzt.

Lange Transportwege und chemische Weiterverarbeitung belasten zusätzlich das Klima. Demgegenüber überzeugt der natürliche Rohstoff Gras durch lokale Verfügbarkeit, umweltschonende Aufbereitung und vielseitige Einsatzmöglichkeiten.

Durch Graspapier lässt sich im Durchschnitt 65 % Wasser, 65 % Chemie, 50 % CO^2 sowie 30 % Energie gegenüber Papier aus Holzzellstoff einsparen.